Kommunikation in sozialen Medien: Theorien und Modelle

Simone Schmidt

Kommunikation in sozialen Medien: Theorien und Modelle

Aussagekraft, Grenzen und Potenziale

Simone Schmidt
Berlin, Deutschland

ISBN 978-3-658-37968-1   ISBN 978-3-658-37969-8 (eBook)
https://doi.org/10.1007/978-3-658-37969-8

Die Deutsche Nationalbibliothek verzeichnet diese Publikation in der Deutschen Nationalbibliografie; detaillierte bibliografische Daten sind im Internet über https://portal.dnb.de abrufbar.

© Der/die Herausgeber bzw. der/die Autor(en), exklusiv lizenziert an Springer Fachmedien Wiesbaden GmbH, ein Teil von Springer Nature 2024

Das Werk einschließlich aller seiner Teile ist urheberrechtlich geschützt. Jede Verwertung, die nicht ausdrücklich vom Urheberrechtsgesetz zugelassen ist, bedarf der vorherigen Zustimmung des Verlags. Das gilt insbesondere für Vervielfältigungen, Bearbeitungen, Übersetzungen, Mikroverfilmungen und die Einspeicherung und Verarbeitung in elektronischen Systemen.
Die Wiedergabe von allgemein beschreibenden Bezeichnungen, Marken, Unternehmensnamen etc. in diesem Werk bedeutet nicht, dass diese frei durch jede Person benutzt werden dürfen. Die Berechtigung zur Benutzung unterliegt, auch ohne gesonderten Hinweis hierzu, den Regeln des Markenrechts. Die Rechte des/der jeweiligen Zeicheninhaber*in sind zu beachten.
Der Verlag, die Autor*innen und die Herausgeber*innen gehen davon aus, dass die Angaben und Informationen in diesem Werk zum Zeitpunkt der Veröffentlichung vollständig und korrekt sind. Weder der Verlag noch die Autor*innen oder die Herausgeber*innen übernehmen, ausdrücklich oder implizit, Gewähr für den Inhalt des Werkes, etwaige Fehler oder Äußerungen. Der Verlag bleibt im Hinblick auf geografische Zuordnungen und Gebietsbezeichnungen in veröffentlichten Karten und Institutionsadressen neutral.

Planung/Lektorat: Barbara Emig-Roller
Springer VS ist ein Imprint der eingetragenen Gesellschaft Springer Fachmedien Wiesbaden GmbH und ist ein Teil von Springer Nature.
Die Anschrift der Gesellschaft ist: Abraham-Lincoln-Str. 46, 65189 Wiesbaden, Germany

Wenn Sie dieses Produkt entsorgen, geben Sie das Papier bitte zum Recycling.

Inhaltsverzeichnis

1 Einleitung.. 1
2 Besonderheiten der sozialen Medien und
  des Web 2.0 3
  Literatur.. 7
3 Kommunikationsmodelle 9
  3.1 Kommunikation 10
  3.2 Encoder-/Decoder-Modell 17
  3.3 Kommunikationsmodell nach Shannon und
      Weaver 22
  3.4 Kommunikationsmodell nach Badura 25
  3.5 Axiome der Kommunikation nach Watzlawick ... 30
  3.6 Modell der Perspektivenübernahme............ 33
  3.7 Feldschema der Massenkommunikation 34
  3.8 Modell der elektronisch mediadisierter
      Gemeinschaftskommunikation 37
  3.9 Kommunikationsmodell für die
      Internetöffentlichkeit 39
  Literatur... 42
4 Soziologische Kommunikationstheorien........... 45
  4.1 Die Theorie des Symbolischer Interaktionismus ... 45
  4.2 Die Theorie des kommunikativen Handelns 51
  4.3 Systemtheorie von Niklas Luhmann 54
  Literatur... 59

5 Medienpsychologische Modelle der computervermittelten Kommunikation 61
    5.1   Hyperpersonal Model...................... 64
    5.2   Social Identity Model of Deindividuation oder SIDE-Model............................. 66
    5.3   Selbstoffenbarung und Selbstdarstellung........ 68
    5.4   Soziale Beziehungen in den sozialen Medien 70
    5.5   Theorie der kognitiven Dissonanz............. 71
    5.6   Theorie des sozialen Vergleichs.............. 73
    Literatur.. 75

6 Modelle und Theorien der Wirkungsforschung..... 77
    6.1   Wirkungsmodelle......................... 77
        6.1.1   Das Stimulus-Response-Modell......... 77
        6.1.2   Das Stimulus-Organismus-Response-Modell 79
        6.1.3   Uses & Gratification-Ansatz oder Nutzenansatz von Blumler und Katz 82
        6.1.4   Uses & Effects-Modell................ 85
        6.1.5   Transaktionsaktionale Modelle 86
    6.2   Das Zwei-Stufen-Fluss-Modell von Lazarsfeld... 90
    6.3   Schweigespirale von Noelle-Neumann 94
    6.4   Modell der Informationsdiffusion 100
    6.5   Agenda-Setting-Modell 102
    6.6   Framing 108
    6.7   Priming................................ 111
    Literatur.. 113

Einleitung 1

Der Umgang und die Wirkungsweisen der sozialen Medien sind noch nicht umfassend erlernt und analysiert. In den sozialen Medien haben wir es mit zahlreichen Phänomenen zu tun, wie ungefilterte Meinungen, Hate Speech, virale Effekte und es scheint so, als ob den sozialwissenschaftlichen Disziplinen noch nicht in umfassender Weise gelungen ist, die Funktionsweisen und Wirkungen der sozialen Netzwerke ausreichend zu beschreiben, und theoretisch zu erklären, wie die Kommunikation in diesen Netzwerken funktioniert und welche Wirkung sie entfalten.

In diesem Lehrbuch werden wir relevante Modelle und Theorien betrachten und untersuchen, welche Aussagekraft, Grenzen und Potenziale diese Modelle und Theorien für Aktivitäten in den sozialen Medien angesichts der aktuellen gesellschaftlichen Phänomene und Diskurse haben. Dazu wollen wir uns zunächst im folgenden Kapitel die Besonderheiten der Anwendungen in den sozialen Medien anschauen. Im dritten Kapitel werden wir uns mit ausgewählten Kommunikationsmodellen auseinandersetzen, wenden uns beispielsweise den Axiomen der Kommunikation und dem Feldschema der Massenkommunikation von Maletzke zu und untersuchen, welche Erkenntnisse sich daraus für die Kommunikation in den sozialen Medien ableiten lassen. Zu klassischen soziologischen Kommunikationstheorien gehört der Symbolische Interaktionismus von Blumer, die Theorie des kommunikativen Handels von Habermas und die Systemtheorie von Luhmann. Die Aussagekraft dieser Theorie für die sozialen Medien analysieren wir im vierten Kapital.

Im fünften Kapitel betrachten wir die Wirkungstheorien und deren Aussagekraft, Grenzen und Potenziale für die sozialen Medien. Hier wenden wir uns klassischen Theorien der Medienwirkungsforschung zu, wie beispielsweise dem Zwei-Stufen-Fluss-Modell von Lazarsfeld, der Schweigespirale von Noelle-Neumann und dem Agenda-Setting-Modell von McCombs.

In diesem Lehrbuch werden zunächst alle wichtigen Begriffe definiert und die klassischen Modelle und Theorien beschrieben und dann jeweils untersucht und interpretiert, was sich daraus für die Kommunikation in den sozialen Medien abgeleitet werden kann. Die einzelnen Kapitel werden teilweise mit Praxibeispielen veranschaulicht. Ausschließlich zum Zweck der besseren Lesbarkeit wird auf eine geschlechterspezifische Schreibweise sowie auf eine Mehrfachbezeichnung verzichtet. Alle Personenbezeichnungen sollen dennoch als geschlechtsneutral angesehen werden.

Besonderheiten der sozialen Medien und des Web 2.0

2

In diesem Kapitel werden wir auf die Besonderheiten der sozialen Medien eingehen. Soziale Medien werden auch als Web 2.0 bezeichnet. Diese Bezeichnung stammt von Tim O'Reilly (2005). In dem Artikel „What is Web 2.0?" beschreibt er die Besonderheiten dieser neuen Medien. Im Web 2.0 sind die Anwendungen nicht mehr nur reine Informationsquellen, wie beispielsweise eine statische Website, sondern Interaktionsplattformen. Die Funktionsweise der Plattformen in den sozialen Medien bewirken die Erstellung von nutzergenerierten Inhalten (englisch: **User generated Content** (UGC)). Die technologischen Anwendungen ermöglichen es den Nutzern auch ohne professionelle Kenntnisse, Informationen zu teilen und soziale Beziehungen zu pflegen. Die Kommunikation in den sozialen Medien ist zudem gekennzeichnet durch **Dialog und Interaktivität**. Eine wesentliche Funktion und Kommunikationsform ist dabei das **Kommentieren** von Beiträgen, welche von anderen Teilnehmern gepostet werden. Soziale Medien ermöglicht also Anschlusskommunikation. Eine Form der Anschlusskommunikation ist das **Annotieren**. Gepostete Beiträge, Videos können geliked werden oder auch mit Sternchen in einer Skala oder mit einer Vielzahl von Symbolen „Daumen hoch" oder „Daumen runter" oder Emojis bewertet werden. Dies kann jedoch besser als kommunikatives Verhalten beschrieben werden, denn als Kommunikation. Eine weitere Form des Annotierens ist das **Verschlagworten**, indem bestimmte Inhalte mit bestimmten Hashtags verschlagwortet werden. Hashtags sind aus der Kommunikation in den sozialen Medien nicht mehr wegzudenken. Viele Inhalte von Bewegungen gingen viral, weil sie unter einem bestimmten Hashtag stattgefunden haben. Denken wir nur an die #metoo oder #blacklivesmatter Bewegung. Ganze gesellschaftliche Bewegungen wurden durch dieses Zeichen geprägt. Über Wochen wurde unter diesem Zeichen gepostet und es wurden unzählige Post und Blogbeiträge unter diesem Zeichen veröffentlicht. Zudem verkörpern Hashtags ein Versprechen wahrgenommen zu werden, Gehör zu finden und Interessen zu bündeln. Das Zeichen scheint eine hohe Aufmerksamkeit zu bekommen – in einer Informationsgesellschaft, in der dies ein hohes Gut ist (Bauer und Götz 2021).

Eine weitere wichtige Funktion ist das plattformübergreifende **Teilen** und **Weiterleiten**, wodurch auch leicht virale Effekte entstehen können, also eine sich exponentielle steigernde Verbreitung der Inhalte. Eine weitere grundlegende Anwendung ist das Abonnieren, wodurch man den Beiträgen einer bestimmten Person/Kanal oder Influencer folgt. Eine wesentliche weitere Eigenschaft der sozialen Medien ist das Vernetzen, da die Kommunikation in den sozialen Medien über **Hyperlinks** funktioniert. Diese verweisen auf andere Plattformen, Webseiten oder weitere im Internet enthaltene Inhalte aller Art (Schmidt und Taddicken 2017, S. 25–28).

In wirtschaftlicher Hinsicht entstehen durch die Social-Media-Plattformen auch **Netzwerkeffekte**. Mit der Anzahl der Nutzer steigt auch der Wert eines solchen Netzwerks. Die Plattformen sind demnach umso wertvoller, je mehr Nutzer sich dort aufhalten und ihrer Inhalte teilen. Diese Effekte begünstigen auch die Machtkonzentration der Plattformen. Zudem entstehen **Lock-in-Effekte**, d. h. es gibt enorme **Wechselhemmnisse** von einem sozialen Netzwerk in ein anderes soziales Netzwerk zu wechseln. Auch haben wir es in den sozialen Medien mit sehr hohen Machtkonzentrationen zu tun, da einige wenige Unternehmen den Zugang zu Informationen somit kontrollieren. Die großen Plattformen, wie Google, Facebook, Instagram und TikTok sind zu den neuen „Gatekeepern" von Informationen geworden (Staab 2021, S. 20–22).

2 Besonderheiten der sozialen Medien und des Web 2.0

Hinsichtlich der Kommunikation in den sozialen Medien gibt es noch weitere Spezifika.

Die sozialen Medien sind noch durch eine weitere Besonderheit gekennzeichnet. Die Kommunikation in den sozialen Medien bewegt sich dort zwischen Individual- und Massenkommunikation. Jeder einzelne Mensch kann potenziell mit seinen Inhalten die Massen erreichen und ein vormals den publizierenden Medien vorbehaltenes Privileg ist nun potenziell jedem einzelnen zugänglich.

Im digitalen Zeitalter hat sich die Kommunikation im Internet von einer linearen Kommunikation hin zu einer zirkulären Kommunikation entwickelt.

Die eindimensionale Kommunikationsbeziehung (one-to-many), die in den klassischen Massenmedien dominierte, hat sich im Web 2.0 hin zu einer Many-to-many-Kommunikation gewandelt, die durch Interaktivität, Eigenaktivität der Nutzer und durch eine zunehmende horizontale Kommunikation der Nutzer geprägt ist, in der jeder zum Sender und Empfänger von Informationen wird.

User, Blogger, Unternehmen und Medien werden zunehmend zu gleichberechtigten Akteuren im Kommunikationsprozess.

Die einstigen Empfänger der Kommunikation sind selbst zu Prosumenten, also zu Konsumenten und Produzenten sowie Distributoren von Kommunikationsinhalte geworden, indem sie diese in der zweiten Brennstufe der Kommunikation verbreiten, wie wir an dem Kommunikationsmodell im Web 2.0 in Abb. 2.1 sehen können.

Die Beteiligung und Aktivitäten der Nutzer durch selbstgenerierte Inhalte und oder dargebotenen Dienstleistungen führten zu neuen Geschäftskonzepten, die auf diesen bereitgestellten Inhalten und Dienstleistungen begründet sind, wie beispielsweise Facebook, Spotify, Airbnb und Uber.

Ein bedeutsames Kennzeichen im digitalen Zeitalter ist die Zunahme an Informationen und ein dynamisierter und beschleunigter Wandel von Themen und Ereignissen, was eine hohe Selektionskompetenz seitens der Nutzer voraussetzt.

„Im Web 2.0 dreht sich alles um Kommunikation, Interaktion und Partizipation" (Münker 2012, S. 47). Eine wichtige Rolle

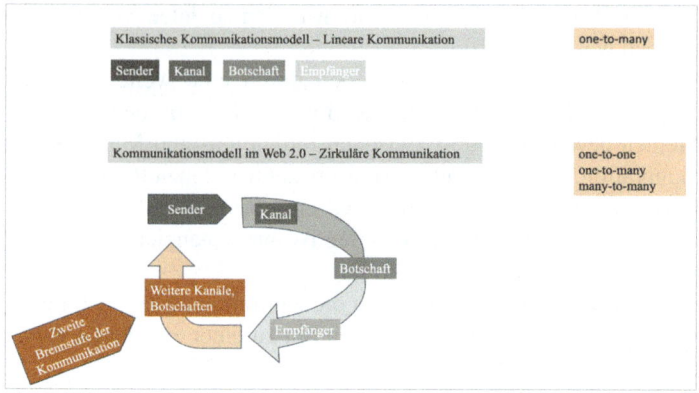

Abb. 2.1 Lineare und zirkuläre Kommunikation. (Quelle: Eigene Darstellung nach Kreutzer 2021, S. 23)

bei der Vermittlung von Informationen sind die „Gatekeeper". Diese sind in der Plattform-Ökonomie die Algorithmen, welche durch die Plattformbetreiber selbst festgelegt werden und somit die Relavanz von Informationen beeinflussen. Hierbei werden seitens der Algorithmen nutzerrelevante Inhalte gefiltert und nach Herkunft und Aktualität priorisiert (Schweiger 2019, S. 9). Diese wird jedoch auch durch das Verhalten der Nutzer selbst beeinflusst. Durch ihre Interaktionen und Präferenzen formen die Nutzer indirekt die Entscheidungen der Algorithmen. Dieser wechselseitige Einfluss zwischen Nutzerverhalten und Algorithmen prägt die dynamische Natur der entgrenzten Öffentlichkeit in der Plattform-Ökonomie.

> **Zusammenfassung**
> In diesem Kapitel haben wir die Besonderheiten der Kommunikation in den sozialen Medien und die Social-Media-Plattformen kennengelernt. Zentraler Aspekt der Kommunikation in den sozialen Medien ist der dynamische Content, welcher durch die Nutzer selbst entsteht. Durch das Produzieren und Bereitstellen von Inhalten, aber auch

durch den Dialog und Interaktivität sowie anderen Aktivitäten der Nutzer, wie das Kommentieren und Bewerten und Annotieren, gestalten diese aktiv den öffentlichen Diskurs mit und beeinflussen den Algorithmus der Plattform-Anbieter und somit auch auf die Sichtbarkeit von Content.

Auch in ökonomischer Hinsicht lassen sich durch die sozialen Medien-Plattformen verschiedene Phänomene beschreiben, wie der Netzwerkeffekt und der Lock-in-Effekt. Zudem hat sich Kommunikation von einer linearen zu einer zirkulären und auch dynamischeren Kommunikation verändert. Die Nutzer sind gleichzeitig zu Sender und Empfänger von Informationen, zu Prosumenten (Produzenten und Konsumenten) und somit grundsätzlich zu gleichberechtigten Akteuren im Kommunikationsprozess geworden.

Literatur

Bauer, M. J./Götz, M. (2021). Das Hashtag als interdisziplinäres Phänomen in Marketing und Kommunikation- Sprache, Kultur, Betriebswirtschaft und Recht. Wiesbaden. Springer Gabler Verlag.

Kreutzer, R.T. (2021). Praxisorientiertes Online-Marketing. 4. Auflage. Springer Gabler Verlag.

Münker, S. (2012). Die Sozialen Medien des Web 2.0. In Michelis, D./Schildhau, T., (Hrsg.). Social Media Handbuch. 43–56. 2. Aktualisierte und erweiterte Aufl. Baden-Baden. Nomos Verlagsgesellschaft.

O'Reilly, T. (2005). *What Is Web 2.0. Design Patterns and Business Models for the Next Generation of Software.* https://www.oreilly.com/pub/a/web2/archive/what-is-web-20.html (02.12.2021).

Schmidt, J. H./Taddicken, M. (2017): Soziale Medien: Funktionen, Praktiken, Formationen. In Schmidt, J. H./Taddicken, M. (Hrsg.). Handbuch Soziale Medien. Springer VS Verlag.

Schweiger, W. (2019). Algorithmisch personalisierte Nachrichtenkanäle. Springer VS Verlag.

Staab, P. (2021). Digitaler Kapitalismus. Markt und Herrschaft in der Ökonomie der Unknappheit. Suhrkamp Verlag Berlin.

Kommunikationsmodelle 3

In diesem Kapitel betrachten wir zentrale Kommunikationsmodelle, welche auch eine Aussagekraft für Social-Media-Anwendungen haben.

Kommunikationsmodelle stellen grafisch oder verbal die zentralen Elemente und Beziehungen im Kommunikationsprozess dar, ohne sich auf konkrete Einzelfälle zu beziehen. Sie dienen der Veranschaulichung und Integration verschiedener theoretischer Ansätze, indem sie die komplexe Realität der Kommunikation vereinfacht abbilden. Modelle reduzieren die hohe Komplexität, um typische und wesentliche Strukturen und Prozesse der Kommunikation darzustellen (Beck 2013, S. 159). Im Unterschied dazu sind Theorien umfassende Erklärungsansätze, die versuchen, Phänomene oder Sachverhalte in einem bestimmten Bereich zu verstehen.

Theoretische Erklärungsansätze stammen vorwiegend aus dem soziologischen Bereich. Hierzu gehören beispielsweise die Theorie des symbolischen Interaktionismus, die Systemtheorie und die Theorie des kommunikativen Handelns. Diese umfassenden theoretischen Konzepte bieten einen breiten Rahmen zur Erklärung von Kommunikationsphänomenen. Diese Theorien werden wir in Kap. 4 behandeln.

Vor der Auseinandersetzung mit den wichtigsten Kommunikationstheorien und -modellen in diesem Lehrbuch, gilt es jedoch, den Begriff „Kommunikation" zu definieren und vom Begriff des kommunikativen Verhaltens abzugrenzen, da viele

Aktivitäten in den sozialen Medien, wie bspw. „liken" eher einem kommunikativen Verhalten entsprechen als einer Kommunikation. Wir werden uns zudem mit den wichtigsten Kommunikationsmodellen und -theorien auseinandersetzen und diese zunächst beschreiben, um dann in einem zweiten Schritt zu untersuchen, wie aussagekräftig diese Theorien und Modelle für die Kommunisation in den sozialen Medien sind. Ergänzend werden jeweils Beispiele für die jeweiligen Anwendung aufgezeigt.

Doch wenden wir uns zunächst dem Begriff der Kommunikation zu.

3.1 Kommunikation

Der Kommunikationswissenschaftler Klaus Merten untersuchte im Jahr 1977 im Zuge seiner Dissertation mit dem Titel „Kommunikation. Eine Begriffs- und Prozessanalyse" über 160 verschiedene Definitionen für Kommunikation. Die Definitionen variieren je nach Kommunikationstheorie und -modell. Dabei konnte er auch Übereinstimmungen in den unterschiedlichen Definitionen finden, welche sozusagen den kleinsten gemeinsamen Nenner darstellen, was unter Kommunikation zu verstehen ist. Demnach ist Kommunikation ein Prozess, der zwischen zwei Einheiten stattfindet mit einer spezifisch menschlichen Leistung.

In den meisten Definitionen sind demnach folgende Elemente enthalten:

- Sender/Kommunikator
- Botschaft (Kommunikat/Aussage/Inhalt/Information)
- Medium (Kanal/Übermittlungseinheit)
- Wirkung.

Diese einzelnen Elemente finden wir auch in der Kommunikation in den sozialen Medien. Auch wenn die Festlegung dieser Grundelemente von Kommunikation bereits vor der Entwicklung des Internets erfolgte und es noch keinerlei Vorstellungen gab, über deren kommerzielles Potenzial und technologische Möglichkeiten, wie wir sie heutzutage kennen, sind diese selbstverständlich

3.1 Kommunikation

geworden und helfen die Dynamik der Kommunikation in den sozialen Medien zu erklären.

Kommunikation kann nach Burkart (2002) zunächst mit folgenden Faktoren eines Kommunikationsprozesses beschrieben werden:

> „jemand, der **etwas mitteilen** will, die **Aussage/Botschaft** (= die mitzuteilenden Bedeutungsinhalte) selbst, **ein Medium** (= eine Instanz, mit deren Hilfe der mitzuteilende Inhalt ‚transportable' wird), jemand, an den die Botschaft **gerichtet** ist" (Burkart 2002, S. 63).

Nach Merten (1977) ist jedoch diese Form der kommunikativen Interaktion von weiteren Kriterien bestimmt:

- **Reziprozität**: Damit sind Prozesse des Austauschs zu verstehen. Diese reziprozitäre Form der Kommunikation ist auch ein grundlegendes Prinzip der Kommunikation in den sozialen Medien.
- **Intentionalität**: Damit ist die Fähigkeit zu verstehen, sich auf etwas zu beziehen und auch eine bestimmte Absicht mit der Kommunikation zu verfolgen. In den sozialen Medien können wir vielseitige Formen der intentionalen Kommunikation feststellen. Soziale Medien werden eingesetzt, um mithilfe von Texten, Bilder und Kommentaren einen öffentlichen Diskurs mitzubestimmen.
- **Anwesenheit**: Damit ist die gleichzeitige Anwesenheit der Kommunikationsteilnehmer zu verstehen. Diese Eigenschaft gilt für die Kommunikation in den sozialen Medien nicht zwangsläufig, da durchaus auch eine zeitversetzte Kommunikation möglich ist und die Teilnehmer nicht notwendigerweise zur gleichen Zeit anwesend sein müssen, um Inhalte interaktiv auszutauschen.
- **Sprachlichkeit**: Kommunikation benötigt ein Medium der Verständigung. Ursprünglich war das Medium der Verständigung die Sprache, Mimik und Gestik. Die sozialen Medien ermöglichen grundsätzlich eine Verständigung, allerdings können hier auch Limitierungen auftreten, wie den

medienpsychologischen Modellen, wie beispielsweise den Filter-Modellen zu entnehmen ist.
- **Wirkung**: Kommunikation ist eine Quelle der Veränderung und kann einen Wandel herbeiführen. Mithilfe von Kommunikation können grundsätzlich Informationen vermittelt werden und Überzeugungen beeinflusst werden. In den sozialen Medien lassen sich eine Vielzahl von Beispielen finden, wie durch Kommunikation Aktivisten soziale Bewegungen gegründet und mobilisiert haben, wie bspw. #metoo oder auch die sogenannten grünen Revolutionen, welche in der arabischen Welt mithilfe der Kommunikation in den sozialen Medien initiiert und koordiniert wurden.
- **Reflexivität**: Kommunikation kann sich selbst thematisieren. Diese Formen der Metakommunikation werden durch soziale Medien ermöglicht und so haben die Nutzer die Möglichkeit über die Plattform selbst kritisch zu reflektieren und auch die Beiträge anderer Nutzer kritisch zu reflektieren.

Nach Scheufele (2014, S. 119) kann Kommunikation grundsätzlich in folgende Aspekte unterschieden werden:

- **mediale und interpersonale**: Dabei bezieht sich die **mediale Kommunikation** auf die Übertragung von Informationen über Medienkanäle, wie beispielsweise Fernsehen, Radio oder Internet. Hierbei handelt es sich um eine lineare Kommunikation, bei der die Sender die Informationen an die Empfänger senden, ohne dass diese unmittelbar darauf reagieren können. Die mediale Kommunikation richtet sich also an ein disperses Publikum, und kann gleichzeitig eine große Anzahl an Menschen erreichen. Die **interpersonelle Kommunikation** bezieht sich hingegen auf einen direkten Austausch von Informationen zwischen Individuen. Die Sender und Empfänger von Kommunikation können dabei aktiv miteinander interagieren und aufeinander reagieren, also in einen direkten Austausch kommen. In den sozialen Medien können wir beide Formen der Kommunikation antreffen.
- **direkte und indirekte Kommunikation**: Die **direkte Kommunikation** bezieht sich hierbei auf Situationen, in denen

3.1 Kommunikation

Sender und Empfänger unmittelbar miteinander kommunizieren. Die indirekte Kommunikation bezieht sich hingegen auf Situationen, in denen Sender und Empfänger nicht direkt miteinander kommunizieren, sondern über ein Medium interagieren.

- **einseitige oder gegenseitige**: Bei der **einseitigen Kommunikation** fließen die Informationen nur in eine Richtung. Die Empfänger können demnach nicht auf die Nachricht reagieren und empfangen sie nur. **Gegenseitige Kommunikation** hingegen ist eine Form der Kommunikation, bei der Sender und Empfänger aktiv miteinander interagieren und aufeinander reagieren können. Dabei finden eine direkte Interaktion und ein Austausch von Informationen zwischen den beiden Parteien statt.
- **private und öffentliche**: **Private Kommunikation** findet in einer engen sozialen Beziehung zwischen Sender und Empfänger statt, die durch persönliche Beziehungen und Vertrauen gekennzeichnet ist. Öffentliche Kommunikation hingegen findet in einem öffentlichen Kontext statt, in dem die Teilnehmer keine enge persönliche Beziehung zueinander haben. Die Kommunikation ist oft von formellen Regeln und Strukturen geprägt und wird von Institutionen wie Medien, Regierungen oder Organisationen organisiert.
- **formelle und informelle**: **Formelle Kommunikation** findet innerhalb klar definierter Strukturen und Regeln statt. Sie ist oft hierarchisch organisiert und folgt bestimmten Konventionen und Normen. **Informelle Kommunikation** hingegen findet in einem informellen Kontext statt und folgt keinem klaren Regelwerk. Sie ist oft spontan und unstrukturiert und findet meist auf persönlicher Ebene statt.

Diesem Verständnis nach ist Kommunikation auch jeweils mit einem bestimmten Erkenntnisinteresse verbunden. Die jeweilige Perspektive auf Kommunikation hängt dann wiederum von den Problemen in der kommunikativen Realität ab, mit denen man konfrontiert ist (Burkart, 2003, S. 169). Durch den rasanten Medienwandel und den dadurch auch veränderten Kommunikationsformen ist es wichtig, den Kommunikationsbegriff entsprechend auf die kommunikativen Probleme und Phänomene anzuwenden. Dies gilt auch für die Anwendungen von Kommunikationstheorien auf die Kommunikation in den sozialen Medien.

Eine alles umfassende Kommunikationstheorie, welche jegliches kommunikative Verhalten in allen Anwendungen und Funktionalitäten erklärt, wird es jedoch niemals geben.

Nach den kommunikationstheoretischen Ansätzen können Kommunikationsprozesse nach Burkart (2003, S. 169) folgenden Dimensionen zugeordnet werden:

1. **Konstruktionsdimension**: Kommunikationsprozesse sind immer auch Zeichenprozesse mit Bedeutungsvermittlung, in denen Wirklichkeiten konstruiert werden.
   Hier geht es um die Konstruktionsdimension im Kommunikationsprozess. Also wie eine Nachricht vom Sender und vom Empfänger dekodiert wird. Der Sender und der Empfänger in einem Kommunikationsprozess können diese Informationen unterschiedlich interpretieren. In der Kommunikation in den sozialen Medien stellt die Konstruktionsdimension eine wichtige Dimension dar, da in diesem Kontext häufig kurze, informelle und schnelllebige Botschaften verwendet werden, die schnell interpretiert und verarbeitet werden müssen. Auch die häufig begrenzte Zeichenzahl und die vorwiegend visuelle Kommunikation können zu unterschiedlichen Interpretationen führen und bieten zudem einen großen Interpretationsspielraum. Komplexe Botschaften können kaum vermittelt werden in der Kürze der verwendeten Aufmerksamkeit seitens der Nutzer.
2. **Interaktionsdimension**: Kommunikationsprozesse sind demnach wechselseitig und umweltbezogen. Diese Dimension bezieht sich auf die Art und Weise, wie Kommunikation in zwischenmenschliche Beziehungen stattfindet. Dazu gehört beispielsweise die Art und Weise, wie Medien auf zwischenmenschliche Beziehungen und Interaktionen zwischen Individuen wirken. Welche Auswirkung hat die Kommunikation über bestimmte Medien auf die Identität von Individuen oder auf die Entwicklung von Rollenbildern und Stereotypen, aber auch die Entwicklung von Wertvorstellungen und Normen? Interaktionen spielen in den sozialen Medien im Vergleich zu

den klassischen Massenmedien eine zentrale Rolle. Zudem ist hier auch zu betonen, dass nach der Theorie des Symbolischen Interaktionsmus, auf die wir in Kap. 4 näher eingehen werden, Bedeutung der Kommunikationsinhalte erst in interaktiven Prozessen hergestellt wird.

3. **Anwendungsdimension**: Kommunikation hat unterschiedliche Kommunikationsziele, wie Beeinflussung, Emanzipation oder Therapie: Bildung, Politik und Gesellschaft und Freizeit und Kultur sind Bereiche, welche die Funktion in diesen verschiedenen Anwendungsbereichen betrachten kann. In der Anwendungsdimension geht es darum zu untersuchen und zu beschreiben, wie Medien in verschiedenen gesellschaftlichen Bereichen genutzt werden können und welche Auswirkungen die Medien in diesen Bereichen haben können. In dieser Dimension können durch die Kommunikation in den sozialen Medien vielseitige Anwendungen verzeichnet werden, wie beispielsweise WhatsApp-Gruppen, Online-Diskussionsforen und Zoom-Meetings, oder ganze Bewegungen, welche sich über bestimmte Hashtag-Themen finden und austauschen.
4. **Raumdimension**: Kommunikationsprozesse können demnach auch unterschiedlichen Ausschnitten der Realität zugeordnet werden. Die Raumdimension kann sich auf physische und soziale Kontexte beziehen, in der Kommunikation stattfindet. Dieser Kontext kann die Art und Weise beeinflussen, wie eine Botschaft wahrgenommen und interpretiert wird und somit die Kommunikationswirkung beeinflussen. Beispielsweise kann eine entspannte, räumliche Umgebung die Kommunikation positiv beeinflussen. Deshalb hat auch der räumliche Kontext der sozialen Medien einen Einfluss auf die Kommunikation. Zum Beispiel kann die Anonymität des Internets dazu führen, dass sich die Beteiligten anders verhalten und kommunizieren, als sie es in der realen Welt tun würden.

In den folgenden Kapiteln werden einige, relevante Kommunikationsmodelle dargestellt. Kommunikationsmodelle versuchen komplizierte Sachverhalte von Kommunikationsprozessen vereinfacht darzustellen. Dabei wird nach Scheufele (2014, S. 107) jedoch nicht der Anspruch erhoben, die Realität 1:1

abzubilden. Zudem greifen die Kommunikationsmodelle dabei meist auf Theorien zurück. Nach Burkart (2003, S. 169) ersetzen Kommunikationsmodelle keine Theorien und dienen der Veranschaulichung und der Integration verschiedener theoretischer Ansätze. Sie erfassen in grafischer oder verbaler Form die als zentral postulierten Elemente des Kommunikationsprozesses und ihre Beziehungen (Reaktionen) und abstrahieren konkrete Einzelfälle. Zur visuellen Darstellung bedienen sie sich allgemeiner Begriffe und sinnfälliger Symbole (Kreise, Kästchen, Pfeile, Felder. etc.), um Komplexität zu reduzieren. Diese Modelle dienen der vereinfachten Abbildung und versuchen den wesentlichen Strukturen und Prozessen Ausdruck zu verleihen. In der historischen Entwicklung, also im Zeitverlauf, werden diese Modelle tendenziell zunehmend komplizierter. Der Überprüfung an der Realität können diese Modelle nicht immer Stand halten und müssen nicht wahr sein, jedoch sind sie insofern brauchbar, dass sie mit der Realität abgeglichen werden können und daraus reflektierte Schlussfolgerungen gezogen werden können.

Dabei lassen sich Kommunikationsmodelle nach Beck (2013, S. 159) grundlegend unterscheiden:

strukturell: Diese Modelle beziehen sich auf den gesamten Kommunikationsprozess, wobei sie sich auf die Struktur von Nachrichten, die Art der Beteiligten, die Kanäle und Art und Weise der Informationsvermittlung konzentrieren.

dynamisch: Dieser Modelle betonen Prozesselemente und Veränderungen in der Zeit. In einem dynamischen Modell fungieren Personen nicht nur als Sender und Empfänger, sondern auch als Rückmelder und Deutungshelfer für die Botschaften des anderen. Dabei kann auch die Interaktion zwischen den Beteiligten und der Kontext der Kommunikation eine Rolle spielen und den Verlauf des Kommunikationsprozesses beeinflussen. Diese Modelle beschäftigen sich auch mit der Entwicklung von Beziehungen und Veränderungen in der Kommunikationsweise im Laufe der Zeit und mit den Dynamiken im Kommunikationsprozess selbst.

funktional: Diese Modelle stellen den Kommunikationsprozess in einen sozialen Zusammenhang und untersuchen, warum Menschen kommunizieren und welche Bedürfnisse sie sich durch Kommunikation erfüllen und welche Auswirkungen dies auf die Beziehungen und die sozialen Strukturen haben kann.

operational: Diese Modelle dienen der Planung in der konkreten Kommunikationspraxis und beschäftigen sich mit den konkreten Schritten und Prozessen.

Im folgenden Kapitel werden wir uns mit zentralen Kommunikationsmodellen befassen und analysieren, welche Erkenntnisse sich für die Kommunikation in den sozialen Medien ableiten lassen.

3.2 Encoder-/Decoder-Modell

Das einfachste Kommunikationsmodell, das Encoder-/Decoder-Modell, betrachtet den Austausch von Informationen. Das Encoder-Decoder-Modell betrifft hauptsächlich die technische Verarbeitung von Informationen.

Im Fokus dieses Modells steht die Bedeutung der Botschaft. Aus psychologischer Sicht scheitert die Kommunikation, wenn nicht eindeutige Botschaften übermittelt werden, bzw. der Sender den Kommunikationsinhalt codiert und der Empfänger den Kommunikationsinhalt unpassend zu decodieren versucht. In diesem Modell geht es um die Frage, wie Botschaften optimal ausgetauscht werden können und Störquellen vermieden werden (Röhner und Schütz 2012, S. 28). Diese Modelle versuchen zu erklären, wie Informationen verschlüsselt, übertragen und wieder entschlüsselt werden.

Kommunikationsprozesse laufen in der Regel, wie in Abb. 3.1 dargestellt, zwischen einem Sender und einem Empfänger ab. Das Encoder-Decoder-Modell ist ein klassisches Kommunikationsmodell, das den Kommunikationsprozess als einen linearen Prozess von Kodierung, Übertragung und Dekodierung von Informationen beschreibt. Es geht davon aus, dass der Sender eine

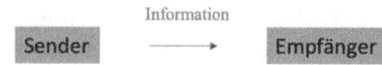

Abb. 3.1 Informationstransfer. (Quelle: Eigene Darstellung nach Göldi 2003, S. 38)

Nachricht kodiert und über ein Medium an den Empfänger überträgt, der die Nachricht dann dekodiert und interpretiert.

In der Kommunikation in den sozialen Medien spielt das Encoder-Decoder-Modell nach wie vor eine wichtige Rolle, da es auch hier um den Austausch von Informationen und Botschaften geht. Allerdings gibt es einige Aspekte, für die das Modell auf die Kommunikation in den sozialen Medien ergänzt und verändert werden müsste. Gleichzeitig dient es als wichtige Reflexionsfolie und bieten einen guten Einstieg in die Analysen.

In der Kommunikation in den sozialen Medien gibt es hingegen oft mehrere Sender und Empfänger, die gleichzeitig an der Kommunikation beteiligt sind. Dadurch können die Kodierung und Dekodierung von Informationen komplexer sein als in dem einfachen Encoder-Decoder-Modell beschrieben. Des Weiteren werden verschiedene Medien verwendet, um Informationen zu übermitteln, wie beispielsweise Texte, Bilder, Videos oder auch Emojis. Dadurch können Botschaften auf unterschiedliche Weise kodiert werden, was die Interpretation und Dekodierung durch den Empfänger wiederum unterschiedlich beeinflussen kann. Diese Kodierung und Decodierung erfordert zudem Medienkompetenz und unterscheidet sich erheblich von den Kodierungs- und Dekodierungsprozessen in der Face-to-Face-Kommunikation.

Zudem haben wir es in der Kommunikation in den sozialen Medien in der Regel auch mit einer interaktiven Kommunikation zu tun, d. h. dass auch Feedback und Rückmeldungen von Empfängern in Echtzeit möglich sind, die das ursprüngliche Verständnis und die Interpretation der Botschaften verändern können. Dadurch kann sich der Kommunikationsprozess in verschiedene Richtungen entwickeln.

Insgesamt zeigt sich, dass das Encoder-Decoder-Modell auch in der Kommunikation in den sozialen Medien noch relevant ist,

3.2 Encoder-/Decoder-Modell

jedoch durch die vielen verschiedenen Teilnehmer, Medien und Echtzeit-Feedbacks komplexer und dynamischer geworden ist. Wenn im Kommunikationsprozess eine Rückkopplung stattfindet, wird von Interaktion gesprochen (Göldi 2003, S. 38). Die Kommunikation in den Anwendungen der sozialen Medien sehen in der Regel eine Rückkopplung vor und wir haben es beinahe ausschließlich mit interaktiven Kommunikationsprozessen zu tun, in welchen Emfänger der Kommunikation gleichzeitig auch der Sender der Informationen sind und umgekehrt.

Die Abb. 3.2 beschreibt die Rückkopplung im Kommunikationsprozess, welche wir auch in der Kommunikation in den sozialen Medien vorfinden.

Nach Forgas (1995) ist Kommunikation das Vermitteln von Botschaften und er geht von einem interaktiven Verständnis von Kommunikation aus, wonach Kommunikation „ein dynamischer Prozess in zwei Richtungen ist, wobei die Beteiligten gleichzeitig Botschaften senden und darauf achten, was der Partner signalisiert" (Forgas 1995, 107).

Auch der Kontext der Kommunikationssituation hat einen Einfluss auf die Bedeutung des Kommunikationsinhalts. Der Kontext der Kommunikation bezieht sich auf die Umstände der Kommunikation und kann sich auf den physischen Ort, die soziale Situation und auch die Beziehungen der Kommmunikationsteilnehmer beziehen sowie den kulturellen Kontext und vieles mehr: „Überdies beruht Kommunikation in gewissen Umfang auf dem *gemeinsamen sozialen Wissen* von Sender und Empfänger. Mit anderen Worten, Botschaften sind gewöhnlich nur in einem gegebenen, wohldefinierten sozialen Rahmen (einer Familie, einer Schulklasse, einer kulturellen Gruppe) bedeutungsvoll" (Forgas 1995, S. 107).

Abb. 3.2 Rückkopplung im Kommunikationsprozess. (Quelle: Eigene Darstellung nach Göldi 2003, S. 39)

Der Kontext spielt in der Kommunikation in den sozialen Medien insofern eine wichtige Rolle, da es vielfältige Plattformen gibt, auf denen unterschiedliche Inhalte geteilt werden und die unterschiedlichen Plattformen somit einen Kontext darstellen, der die darin stattfindende Kommunikation bestimmen kann. Auch die kommunizierten Botschaften sollten immer im jeweiligen Kontext betrachtet werden. Was beispielsweise in einem persönlichen Kontext als angemessene Kommunikation angesehen werden kann, kann in einem geschäftlichen Kontext als nicht angemessen angesehen werden. In den sozialen Medien finden wir einen Kontext der Kommunikation vor, welcher durch Annoymität gekennzeichnet ist, welcher sehr leicht zu Enthemmungen, Polarisierung und Hate Speech führen kann (Hardaker und McGlashan 2016).

Zudem spielt nach Schütz und Rentzsch (2007) auch das Selbst im Kommunikationsprozess eine entscheidende Rolle, da es den Kommunikationsprozess beeinflusst. „Das kommunikationsverarbeitende Selbst wird dabei als dynamisches System gesehen, das interpersonell durch Kommunikation konstruiert wird und wiederum auf Kommunikationsprozesse zurückwirkt." (Schütz und Rentzsch 2007, S. 119). Das Selbst ist bei der Bewertung von den vom Sender kommunizierten Inhalten, ein wichtiger kommunikationssteuernder Faktor. In der Regel werden im Kommunikationsprozess Informationen bevorzugt, die das jeweilige Selbstkonzept bestätigen. Dieses Phänomen wird als Selbstkonsistenzmotiv bezeichnet. Gemäß diesem Selbstwerterhöhungsmotiv besteht also die Tendenz, Informationen zu bevorzugen, die selbstwertdienlich sind. In Kommunikationsprozessen kommt es im Rahmen der Wahrnehmung zu selbstwertdienlichen Verzerrungen (Schütz und Rentzsch 2007, S. 119).

In den sozialen Medien verstärken die Algorithmen noch diese selbstwertdienlichen Verzerrungen, da der Algorithmus vorwiegend Inhalte präferiert, welche zum eigenen Selbstkonzept passen.

Das Selbst und die Selbstinszenierung bzw. Selbstdarstellung spielt gerade in der Kommunikation in den sozialen Medien eine wichtige Rolle, da Menschen in den sozialen Medien oft gezielt eine bestimmte Facette ihrer Persönlichkeit präsentieren können, um ein bestimmtes Bild von sich selbst zu vermitteln. Diese Formen der Selbstdarstellung wurden erstmals von Erving Goffman (1959) für die Face-to-Face-Kommunikation beschrieben. Dieses Phänomen der Selbstdarstellung lässt sich in der Kommunikation in den sozialen Medien häufig beobachten und führte später zum Hyperpersonal Model (HPM) von Walther (1996). Dieses Modell verfügt nach Walther (2011) zunächst auch über die zentralen Komponenten im Kommunikationsprozess, wie Sender, Empfänger, Kanal und Feedback. In der hyperpersönlichen Kommunikation kann sich der Sender jedoch in seiner Kommunikationsweise auf spezifische Eigenschaften in der Selbstdarstellung konzentrieren, und hat somit einen Einfluss darauf und kann die Informationen filtern und bestimmen, wie die Botschaft wahrgenommen werden soll, indem er Informationen filtert und hat dadurch die Möglichkeit der selektiven Selbstdarstellung, um ein möglichst positives Bild zu vermitteln.

Die Möglichkeiten der Selbstdarstellung werden in den sozialen Medien dadurch begünstigt, da die Inhalte der Kommunikation besser gefiltert und gesteuert werden können als in einer realen Face-to-Face-Kommunikation. Auf das Hyperpersonal Model (HPM) werden wir bei den medienpsychologischen Modellen in Abschn. 5.1 ausführlicher eingehen.

Erfolgreiche Kommunikation gelingt im Sinne von Verständigung nur dann, wenn Inhalte auf gleiche Weise codiert und dekodiert werden. Kommunikation kann jedoch viele Missverständnisse bergen. „Eine Folge des Codierens und Decodierens der Botschaft ist, dass die gesendete und empfangende Botschaft sich in den meisten Fällen nicht voll entsprechen" (Bierhoff und Frey 2006, S. 537). Dies geschieht, wenn der Informationsempfänger falsche Rückschlüsse zieht oder wenn der Sender seine Gedanken, Wünsche und Erfahrungen mangelhaft codiert. Die Codierung und Decodierung von sozialer Kommunikation ist in Abb. 3.3 modellartig dargestellt.

In der Kommunikation in den sozialen Medien kann davon ausgegangen werden, dass die Missverständnisse noch viel ausgeprägter sind, da soziale Hinweisreize fehlen. In der computervermittelten Kommunikation werden reduzierte Hinweisreize vermittelt und es stehen weniger Hinweisreize zur Verfügung

Abb. 3.3 Codierung und Decodierung von sozialer Kommunikation. (Quelle: Eigene Darstellung nach Göldi 2003, S. 42)

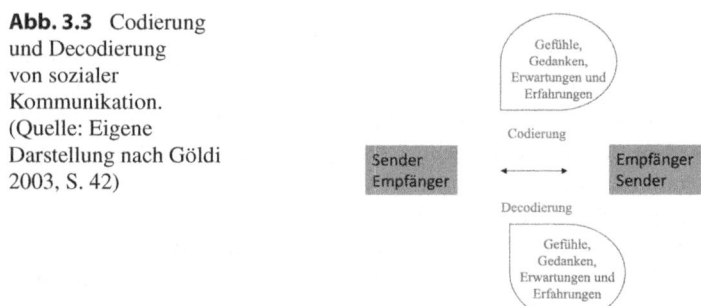

als bei der Face-to-face-Kommunikation. Dieser Ansatz wird als *Lack of reduced social cues* bezeichnet. Optische und akustische Hinweisreize, welche wichtige Informationen über unsere Gegenüber in der Kommunikation liefern, werden in der Kommunikation in den sozialen Medien ausgeblendet (Kiesler et al. 1984).

Aufgrund der fehlenden Hinweise und der Vielfalt an Codierungsmethoden sind Missverständnisse in den sozialen Medien häufig. Eine Nachricht kann von verschiedenen Empfängern unterschiedlich interpretiert werden, was zu Verwirrung oder auch Konflikten führen kann. Missverständnisse können aufgrund von sprachlichen Nuancen, fehlenden Kontextinformationen oder unterschiedlichen kulturellen Hintergründen auftreten.

3.3 Kommunikationsmodell nach Shannon und Weaver

Das Kommunikationsmodell von Shannon und Weaver (1976) gehört zu den bekanntesten Ansätzen. Bedingt durch den technischen Fortschritt, verengt ihr Modell den Prozess der Kommunikation. Das Modell wurde für die technische Übermittlung von Informationen entwickelt und enthält alle Elemente, die bei der Kommunikation eine Rolle spielen. Es besteht aus den folgenden Elementen: Sender, Sendegerät (Codierer), Kanal, (Kommunikationsweg) und Empfängergerät (Decodierer) und Empfänger (Faßler 1997, S. 69). Es beschreibt den Kommunikationsprozess

3.3 Kommunikationsmodell nach Shannon und Weaver

als einen linearen Prozess der Signalübertragung, bei dem der Sender eine Nachricht an den Empfänger über eine Übertragungsmedium sendet. Dies kann ein Telefon, eine E-Mail oder selbstverständlich auch eine Social Media-Anwendung sein. Sehr vereinfacht sieht das bekannteste Modell folgendermaßen aus (Faßler 1997, S. 69):

Sender → Text/Nachricht ⇔ Empfänger

Dieses Modell wird sowohl im Bereich der interpersonalen Face-to-Face-Kommunikation als auch in der Massenkommunikation angewendet. Nach diesem Modell stellt Kommunikation die Verschlüsselung der Nachricht seitens des Senders und die Entschlüsselung einer Nachricht seitens des Empfängers dar. Ausgehend von einer Nachrichtenquelle, wird eine Nachricht über einen Kanal zum Adressaten übermittelt. Die Nachricht wird zunächst von einem Sender kodiert und über einen Kanal dem Empfänger mitgeteilt, welcher seinerseits wiederum die Nachricht dekodiert, um an das Nachrichtenziel zu gelangen. Jedoch ist eine störungsfreie Kommunikation aufgrund von Störquellen aus Sicht dieses Modells nicht immer gegeben.

Dieses Kommunikationsmodell möchte die Informationsmenge und die Kapazitäten eines Kommunikationskanals messen. Zudem versucht es eine Antwort darauf geben, wie die Umwandlung von Botschaften in Signale im Rahmen eines Kodierprozesses verlaufen und Geräusche oder Störquellen die Kommunikationsbotschaft beeinflussen (Abb. 3.4).

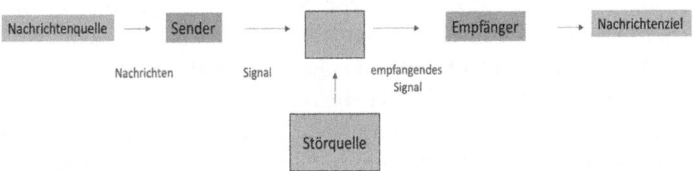

Abb. 3.4 Kommunikationsmodell nach Shannon/Weaver. (Quelle: Eigene Darstellung nach Shannon und Weaver 1976)

Das Modell basiert auf der Informationstheorie und möchte deshalb auch vorwiegend Fragen beantworten, die mit den technischen Problemen der Nachrichtenübertragung zu tun haben, z. B. wie sich die Informationsmenge und die Kapazität eines Kommunikationskanals messen lässt. Zudem versucht es zu erklären, welches die charakteristischen Merkmale eines effizienten Kodierprozesses sind und wie diese effizient gestaltet werden kann (Badura 2012, S. 17).

Dieses Kommunikationsmodell setzt sich somit also eher mit technischen und mathematischen Fragestellungen auseinander.

Im Diagramm von Shannon und Weaver wird der Begriff Informationssource verwendet und kann als Nachrichtenquelle ins Deutsche übersetzt werden. An diesem Punkt wird das Modell auch als zu wenig aussagekräftig für Kommunikationsprozesse kritisiert, da es außer Acht lässt und nicht erklären kann, wie Bedeutung und Verständigung zustande kommen. Der Begriff Information wird nach diesem Modell von Shannon und Weaver als eine Anzahl von Alternativen verstanden, mit der Botschaften gesendet werden können (Badura 2012, S. 18). Dennoch ist das Modell relevant, da es die Grundstruktur des Kommunikationsprozesses beschreibt. Das Modell kann ebenfalls als Folie dienen, um die Kommunikation in den sozialen Medien zu beschreiben und zu reflektieren.

Zum einen ist in der Kommunikation in den sozialen Medien oft nicht nur eine Person der Sender oder Empfänger, sondern es können viele verschiedene Personen oder Gruppen beteiligt sein. Die Botschaften können sich schnell verbreiten und durch Interaktionen wie Kommentare, Likes oder Shares können auch andere Personen in die Kommunikation einbezogen werden.

Zum anderen gibt es in der Kommunikation in den sozialen Medien eine Vielzahl von von Medienformaten, die für die Übertragung von Botschaften verwendet werden, wie Texte, Bilder, Videos oder auch Emojis. Dadurch kann die Kodierung und Dekodierung von Informationen komplexer werden und unterschiedlich interpretiert werden.

Insgesamt bleibt das Kommunikationsmodell nach Shannon und Weaver auch in der Kommunikation in den sozialen Medien relevant, jedoch muss es um Aspekte wie Mehrfachsender und -empfänger, unterschiedliche Medien und Interaktionen erweitert werden, um den komplexen Charakter der Kommunikation in den sozialen Medien zu erfassen.

Beispielsweise kann das Shannon und Weaver-Modell in der Krisenkommunikation in der Kommunikation in den sozialen Medien angewendet werden. Demnach muss der Sender in der Krisensituation klare und präzise Informationen über die Krise und die Maßnahmen, die ergriffen werden, um die Probleme zu lösen, bereitstellen. Zudem sollte die Botschaft transparent, ehrlich und auf die Bedenken der Kunden eingehen. Sie sollte Informationen über das Problem, die Ursachen und die Lösungen enthalten. In den sozialen Medien gibt es immer Hintergrundgeräusche, wie andere Nachrichten, Kommentare und Ablenkungen.

Um soziale Kommunikationssituationen zu analysieren, wurde dieses Modell erweitert und der soziale Kontext von Kommunikationssituationen miteinbezogen. Diese Ergänzungen hat beispielsweise Bernhard Badura (1971) vorgenommen.

3.4 Kommunikationsmodell nach Badura

Das Kommunikationsmodel von Bernhard Badura (1971) hat zunächst eine große Ähnlichkeit zum Shannon-Weaver-Modell, da zentrale Teile übernommen wurden, wie in der Abb. 3.5 zu sehen

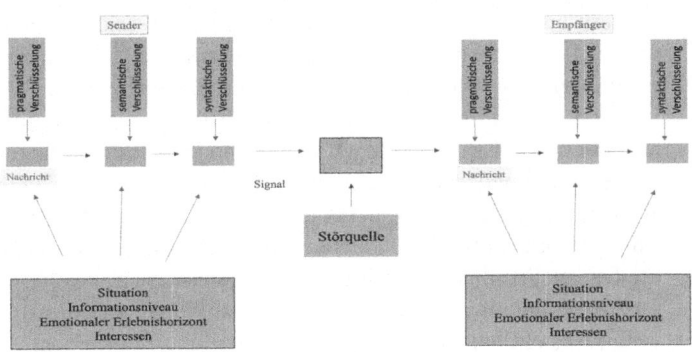

Abb. 3.5 Kommunikationsmodell von Badura. (Quelle: Eigene Darstellung nach Badura 2012, S. 19)

ist. Hier gibt es ebenfalls einen Sender, einen Empfänger, einen Kanal und eine Störquelle. In dem Modell von Badura werden jedoch zusätzlich der soziale Kontext bzw. die soziologischen Rahmenbedingungen berücksichtigt (Burkart 2003, S. 174). Das Modell beinhaltet die Lehren der Semiotik von Charles S. Peirce und Charles W. Morris (Burkart 2003, S. 172). Demnach können Botschaften auf drei verschiedene Perspektiven verschlüsselt (codiert) und entschlüsselt (decodiert) werden:

Die pragmatische Perspektive bezieht sich auf Handlung und Vorhaben und „betont die Beziehung zwischen den Zeichen und ihren Benutzern" (Burkart 2003, S. 174). Die semantische Perspektive beschreibt die Bedeutung und „rückt die Beziehung zwischen den sprachlichen Zeichen und den außersprachlichen Gegenständen, auf die sie verweisen, die sie ‚bezeichnen' sollen, in den Mittelpunkt" (Burkart 2003, S. 174).

Die syntaktische Perspektive meint die Grammatik des Satzes und „hat die Beziehung der Zeichen untereinander im Auge" (Burkart 2003, S. 174).

Diese verschiedenen Perspektiven lassen sich auch sehr gut auf die Kommunikation in den sozialen Medien übertragen und daraus Erkenntnisse ableiten.

- **Pragmatische Perspektive in den sozialen Medien:** Auch in den sozialen Medien ist die pragmatische Dimension wichtig, da es nicht nur um die Übermittlung von Informationen geht, sondern auch um den Kontext der Handlungen und Interaktionen. Beiträge können dazu dienen, bestimmte Handlungen auszulösen, wie das Liken, Teilen oder Kommentieren von Inhalten. Der Kontext, indem Menschen in sozialen Medien handeln und auf Beiträge reagieren, ist ein integraler Bestandteil der pragmatischen Perspektive. Der Kontext, bestehend aus Bild, Kommentar, Hashtags und vorherigen Interaktionen, kann die pragmatische Bedeutung eines Beitrags in sozialen Medien maßgeblich beeinflussen. Die pragmatische Perspektive erfordert ein Verständnis des Gesamtkontextes, um die wahre Absicht und Bedeutung einer Mitteilung zu erfassen.
- **Semantische Perspektive in den sozialen Medien:** Die semantische Dimension hebt die Bedeutung von sprachlichen

3.4 Kommunikationsmodell nach Badura

Zeichen und deren Beziehung zu außersprachlichen Gegenständen hervor. Gerade in den sozialen Medien kann es zu Irritationen und Missverständnissen kommen und von daher ist es dort von besonderer Bedeutung, klare und präzise Botschaften zu vermitteln, um Missverständnisse zu vermeiden. Emoticons, Hashtags und andere sprachliche Elemente können dazu beitragen, die semantische Bedeutung von Beiträgen zu verstärken und den Kontext zu betonen. Gerade diese Symbole und Begriffe lassen sich jedoch sehr unterschiedliche Bedeutungen zuschreiben, welche wiederum zu Missverständnissen und Irritationen führen können.

- **Syntaktische Perspektive in den sozialen Medien:** Die syntaktische Perspektive bezieht sich auf die Struktur der Zeichen und die Beziehung zwischen ihnen, welche es dann auch ermöglicht, die Beiträge in den sozialen Medien besser zu verstehen, was gerade hinsichtlich der Vorgaben der Plattformbetreiber für eine gelingende Kommunikation für die Teilnehmenden sehr anspruchsvoll sein kann. Die begrenzte Zeichenanzahl in bestimmten Plattformen erfordert oft eine prägnante und klare Ausdrucksweise. In den sozialen Medien ist die syntaktische Struktur informeller, kann aber dennoch Einfluss auf das Verständnis haben. Hier ein Beispiel für eine typische Ansprache in den sozialen Medien: „Hey Leute,☺ Heute habe ich die Stadt erkundet und ein paar coole Ecken entdeckt. 📸 Welche Stadtorte inspirieren euch? Lasst es mich wissen! 📷 #Stadtleben #Sonnenschein #Entdeckungstour"

Nach dem Modell von Badura (1971) kommen jedoch den gesellschaftlichen Rahmenbedingungen eine entscheidende Bedeutung zu, die einen erheblichen Einfluss auf die Verschlüsselung und Entschlüsselung von Bedeutungen hat. Folgende gesellschaftliche Einflüsse können demnach unterschieden werden (Burkart 2003, S. 174):

Die **Kommunikationssituation** wird vom Rezeptionsvorgang beeinflusst. Hier geht es um die Frage, unter welchen Umständen und über welche Medien die Kommunikation durchgeführt wird. Dieser kann oberflächlich oder konzentriert sein, je nachdem, wo die Informationen wahrgenommen werden. Die

Kommunikationssituation beeinflusst den Vorgang der Codierung und Decodierung in der interpersonalen und öffentlichen Kommunikation erheblich. Beispielsweise beeinflusst es den Rezeptionsvorgang, wenn Botschaften eher unkonzentriert und oberflächlich wahrgenommen werden, wie beispielsweise in den sozialen Medien.

Das **Informationsniveau** hat einen Einfluss auf die Verstehbarkeit der Kommunikationsbotschaft. Dabei geht es um die Verständlichkeit sowie Klarheit der Informationen. Hier stellt sich beispielsweise die Frage, welches Vorwissen die Kommunikationsteilnehmenden haben und wie verständlich sie kommunizieren können.

Das **emotionale Erleben** der Kommunikationsbotschaft hat einen Einfluss auf die Entschlüsselung der Kommunikationsbotschaft. Die Kommunizierenden haben in der jeweiligen Situation einen bestimmten emotionalen Erlebnishorizont. Hier geht es um die Frage, welche Werte, Gefühle und Einstellungen die Teilnehmer im Kommunikationsprozess und zu einem Thema haben.

Interessen bestimmen den Entschlüsselungs- und Selektionsprozess von Kommunikationsinhalten. Die Interessen, Motive und Ziele haben bewusst oder auch unbewusst einen Einfluss auf die Kommunikation, beispielsweise bestimmen Interessen die Auswahl der Kommunikationsinhalte.

Das Kommunikationsmodell von Badura ist ein Interaktionsmodell, das den Kommunikationsprozess als wechselseitigen Austausch zwischen Sender und Empfänger beschreibt. Das Modell geht davon aus, dass Kommunikation eine komplexe soziale Interaktion ist, die von vielen Faktoren beeinflusst wird, wie z. B. kulturellen Hintergründen, persönlichen Erfahrungen und sozialem Kontext.

Das Modell von Badura betont die Bedeutung von Kontext und Rückmeldungen in der Kommunikation. Es geht davon aus, dass Sender und Empfänger ihre Botschaften auf Basis ihrer eigenen Erfahrungen und Wahrnehmungen interpretieren und dass Rückmeldungen dazu beitragen, Missverständnisse zu klären und eine effektive Kommunikation zu fördern.

Das Modell von Badura ist besonders relevant für die soziale Medien, da es die Bedeutung von Kontext und Rückmeldungen betont, die in sozialen Netzwerken besonders relevant sind. In sozialen Netzwerken können Kontextfaktoren wie der soziale oder kulturelle Hintergrund der Nutzer eine große Rolle spielen und die Interpretation von Botschaften beeinflussen. Rückmeldungen und Interaktionen wie Kommentare, Likes oder Shares können helfen, Missverständnisse aufzuklären und die Kommunikation zu verbessern.

Die gegenwärtige Situation, Ereignisse oder Trends können die Relevanz und Interpretation von Inhalten in sozialen Medien stark beeinflussen. Kommunikatoren müssen sich bewusst sein, was gerade in der Welt oder auf der Plattform passiert, um ihre Botschaften angemessen anzupassen. Das Timing von Beiträgen kann entscheidend sein. In sozialen Medien, die durch Aktualität und Schnelligkeit geprägt sind, kann der Zeitpunkt der Veröffentlichung beeinflussen, wie viele Menschen eine Botschaft sehen und darauf reagieren. Die Größe der Zielgruppe und die Dynamik der Teilnehmer in einer Diskussion können die Art und Weise beeinflussen, wie Inhalte wahrgenommen und interpretiert werden. Große Gruppen können in einem höhren Maß zu unterschiedlichen Interpretationen führen als kleinere, engagierte Gemeinschaften.

In sozialen Medien kann das Informationsniveau erheblich variieren. Die Teilnehmenden haben unterschiedliches Vorwissen zu bestimmten Themen. Es ist wichtig, die Kommunikation so zu gestalten, dass sie für ein breites Publikum verständlich ist. Klare und präzise Formulierungen sowie gegebenenfalls die Verwendung von Visuals können dazu beitragen, die Verständlichkeit zu verbessern.

Bezogen auf das emotionale Erleben der Kommunikationsbotschaft und die Werte, Gefühle und Einstellungen, die Teilnehmer im Kommunikationsprozess und zu einem Thema haben, lässt sich an vielen Beispielen in den sozialen Medien aufzeigen, dass hier stark polarisierende und skandalisierende Themen sehr emotional aufgeladen diskutiert werden (Hate-Speech).

Die Art und Weise, wie eine Botschaft präsentiert wird, kann das emotionale Erleben beeinflussen. Emotionale Reaktionen der Teilnehmenden können von persönlichen Werten, Erfahrungen und Einstellungen abhängen. Kommunikatoren müssen sich bewusst sein, wie ihre Botschaften auf emotionaler Ebene wahrgenommen werden könnten, und dies bei der Gestaltung ihrer Inhalte berücksichtigen.

Die Interessen, Motive und Ziele der Kommunizierenden beeinflussen, welche Inhalte sie auswählen und wie sie diese interpretieren. In sozialen Medien, wo eine Fülle von Informationen verfügbar ist, spielt die Selektion eine wichtige Rolle. Menschen neigen dazu, Inhalte auszuwählen, die ihren Interessen entsprechen. Kommunikatoren sollten dies berücksichtigen, um ihre Botschaften relevanter und ansprechender zu gestalten.

Zusammenfassend zeigt sich, dass die Kommunikationssituation, Verständlichkeit, das emotionale Erleben und die Selektion von Inhalten in sozialen Medien stark von den individuellen Eigenschaften, Interessen und Emotionen der Kommunikationsteilnehmenden abhängen. Kommunikatoren sollten daher bemüht sein, ihre Botschaften an die Zielgruppe anzupassen und eine klare, ansprechende und emotionsgerechte Kommunikation zu gewährleisten.

3.5 Axiome der Kommunikation nach Watzlawick

Laut Paul Watzlawick et al. (2011, S. 53), dem berühmten Kommunikationswissenschaftler, gilt nach dem *ersten Axiom*, dass man *nicht nicht kommuniziert* kann. Demnach ist selbst ein Schweigen Kommunikation. Selbst wenn ein Empfänger einer Botschaft nicht reagiert, teilt er dadurch etwas mit. Jede Handlung und Nicht-Handlung ist eine Form der Kommunikation. Diese Unvermeidbarkeit von Kommunikation ist auch für die Kommunikation in den sozialen Medien kennzeichnend.

Jede Aktion, wie beispielsweise das Veröffentlichen von Beiträgen, Kommentieren, Liken oder Teilen, stellt eine Form der Kommunikation dar. Selbst das Fehlen einer Aktion kann eine Botschaft übermitteln.

Das *zweite Axiom* von Watzlawick unterscheidet zwischen objektiven Informationen einerseits und Anspielungen auf das Beziehungsverhältnis der Kommunikationsteilnehmer andererseits.

Jede Form der Kommunikation hat nach seiner Ansicht einen Inhaltsaspekt und eine Beziehungsebene. Diese beiden Formen liegen jeder Form von Kommunikation zugrunde. Hierbei bestimmt die Beziehungsebene den inhaltlichen Aspekt der Kommunikation und so verliert bei „konfliktreichen Beziehungen", der Inhaltsaspekt fast völlig an Bedeutung (Watzlawick et al. 2011, S. 63).

Kommunikation in sozialen Medien hat ebenfalls einen Inhalts- und einen Beziehungsaspekt: Neben dem inhaltlichen Aspekt einer Nachricht in einem Beitrag oder Kommentar spielen auch die Beziehungsebene, die Selbstdarstellung und die Identität des Absenders eine Rolle. Die Art und Weise, wie jemand in sozialen Medien kommuniziert, kann die Beziehungen zu anderen Nutzern beeinflussen.

Das *dritte Axiom* beschreibt die Interpunktion von Ereignisfolgen. Demnach gibt es in Kommunikationsprozessen jeweils subjektiv empfundene Startpunkte, welche von den Kommunikationsteilnehmern konstruiert sind. In Kommunikationsprozessen können die Teilnehmenden Ursache und Wirkung von Kommunikation subjektiv relativ willkürlich festlegen. Führen diese unterschiedlichen Wahrnehmungen zu Konflikten, sieht Watzlawick den Kommunikationsteilnehmenden „über ihre individuellen Definitionen der Beziehung zu metakommunizieren" (Watzlawick et al. 2011, S. 59); also die Beziehung selbst zum Gegenstand der Kommunikation zu machen. In der computervermittelten Kommunikation fehlen jedoch viele Hinweisreize, weshalb Konflikte leichter entstehen können, da die Ursachen und Wirkungen von Kommunikation dort nicht sehr trennscharf sind. Auch ist Metakommunikation, welche auf übergeordneten Aspekt des Kommunikationsablaufs abzielt und diese reflektiert, in der Kommunikation in den sozialen Medien eher unüblich, somit lassen sich dort Konflikte in der Kommunikation nur begrenzt lösen.

Die Art und Weise, wie Menschen in sozialen Medien miteinander kommunizieren, kann die Art der Beziehung bestimmen. Positive, unterstützende und respektvolle Kommunikation fördert gesunde Beziehungen, während negative oder konflikthafte Kommunikation zu Spannungen führen kann.

Das *vierte Axiom* beschreibt verweist auf analoge und digitale Hilfsmittel, anhand derer Gegenstände zum Bestandteil von Kommunikation gemacht werden können. (Watzlawick et al. 2011, S. 71). Mit digitaler Kommunikation meint Watzlawick allerdings nicht die Kommunikation in den sozialen Medien, sondern den inhaltlichen Aspekt einer Kommunikation, also den Inhalt/Informationsgehalt bzw. den Content der Kommunikation, mit analoger Kommunikation ist hingegen der Beziehungsaspekt der Kommunikation zu verstehen. Zudem meint analoge Kommunikation nach Watzlawick auch Weinen und Lachen und Aspekte von Sympathie und Gefühlsäußerungen, wohingegen die digitale Kommunikation eher im Bereich der Sprache anzusiedeln ist.

Das *fünfte Axiom* differenziert zwischen symmetrischer und komplementärer Kommunikation. In komplementären Beziehungen ergänzen sich die unterschiedlichen Verhaltensweisen, wohingegen die Kommunikationspartner sich in symmetrischen Beziehungsformen bemühen, die Unterschiede zu minimieren. In der Kommunikation in den sozialen Medien können wir zahlreiche Formen der symmetrischen und komplementären Form der Kommunikation feststellen.

Kommunikation in sozialen Medien kann auf Gegenseitigkeit und Gleichberechtigung basieren (symmetrisch) oder auf einer ergänzenden Dynamik, in der verschiedene Rollen eingenommen werden (komplementär).

In diesem Szenario der komplementären Kommunikation, würde beispielsweise ein Minister oder eine Ministerin die dominante Rolle in der Initiierung einer Information übernehmen, Journalisten und Kommentatoren die Rolle der Bewertung und Kommentierung der Information, wobei die Initiatoren der Kommunikation nicht auf die Kommentare reagieren, da es sich in ihrem Selbstverständnis um eine Form der eindimensionalen Kommunikation handelt und keine Interaktion oder Austausch von Informationen oder Meinungen vorgesehen ist.

3.6 Modell der Perspektivenübernahme

Das Modell der Perspektivenübernahme geht auf den symbolischen Interaktionismus zurück. Demnach wird in einer Kommunikationssituation durch die wechselseitige Perspektivenübernahme die gemeinsame Kommunikationssituation konstruiert. Das Ziel von Kommunikation, die Verständigung, kommt demnach nur zustande, wenn die Interaktionspartner den verwendeten Zeichen und Symbolen die gleiche Bedeutung zuweisen. Sie schaffen sich also einen gemeinsamen Code der Kommunikation. Die gegenseitige Art der Wahrnehmung der Kommunikationspartner basiert ebenfalls auf gegenseitigen Interpretationen und Perspektivenübernahmen (Burkart und Hömberg 2012, S. 12).

„Auch die Wahrnehmung unserer eigenen Person, das subjektive Identitätsgefühl, ist stark davon bestimmt, wie uns andere Personen gegenübertreten. Erst aus den Reaktionen anderer auf unser Verhalten bzw. durch den Versuch, uns selbst aus der Perspektive unseres Gegenübers zu betrachten, gewinnen wir unsere eigene Identität" (Burkart und Hömberg 2012, S. 12).

Im kommunikativen Prozess wird der Bedeutungsinhalt dabei erst entwickelt und der gemeinsame kommunikative Kontext bestimmt. Hier geht es um die Frage, wie sich Menschen im Verlauf der Kommunikation besser verstehen können. Perspektivenübername gilt als Voraussetzung für jegliche Interaktion (Burkart und Hömberg 2012, S. 12).

„Die Fähigkeit zur Perspektivenübernahme ist als grundlegende Voraussetzung zum Verständnis von Verhaltensweisen, verschiedenen Standpunkten, Gedanken und Emotionen anderer zu verstehen" (Dimitrova 2014, S. 3).

Nach diesem Modell sind wechselseitige Rückmeldung und Perspektivenwechsel notwendig, damit Verständigung möglich wird. Ebenso bedeutsam ist dabei die Fähigkeit, sich in den anderen einzufühlen. Zudem bedarf es Kenntnisse der eigenen Einstellungen und Vorstellungen, um individuelles kommunikatives Handeln zu steuern.

Das Modell der Perspektivenübernahme und die Fähigkeit sich in die Sichtweisen und Gedanken und Emotionen anderer Menschen hineinzuversetzen spielt auch in der Kommunikation in den sozialen Medien eine wichtige Rolle. Dadurch kann ein empathischer und respektvoller Umfang gefördert werden und Missverständnisse und Konflikte können minimiert werden.

3.7 Feldschema der Massenkommunikation

In diesem Kapitel möchte ich das Feldschema der Massenkommunikation von Gerhard Maletzke vorstellen. Dies ist ebenfalls eine Erweiterung des Sender-Empfänger-Modells von Shannon und Weaver. In der traditionellen Welt der Massenkommunikation waren die Rollen noch klar verteilt: Einerseits gab es professionelle Kommunikatoren, die Nachrichten über Medienkanäle an den Empfänger verbreiteten. Dieses Modell enthält ebenfalls die grundlegenden Kommunikationsfaktoren: Kommunikator, Nachricht, Medium und Empfänger. Nach diesem Modell haben das Selbstbild und die Persönlichkeit der Kommunikatoren einen großen Einfluss auf die Kommunikation. Ebenso wichtig ist die Position in anderen sozialen Beziehungen. Es gibt auch Einflüsse auf die Kommunikation auf der Seite der Empfänger. Bei der Entschlüsselung der Nachricht spielen ebenfalls Faktoren wie das Selbstbild, die Persönlichkeit und andere soziale Beziehungen eine Rolle und entscheiden, wie die Kommunikationsbotschaft wahrgenommen wird. Darüber hinaus hat das jeweilige Außenbild der Empfänger und Kommunikatoren einen großen Einfluss auf die Kommunikation. Abhängig vom Bild der Kommunikatoren bei den Empfängern und umgekehrt, dem Empfängerbild bei den Kommunikatoren, beeinflusst dies die Bedeutung der Nachricht. Auch das Bild der Empfänger vom Medium, die Auswahl aus Inhalten und das Erleben von Inhalten wirken sich auf den Kommunikationsprozess aus. So macht es einen Unterschied, ob wir eine Nachricht auf TikTok sehen oder in einem journalistischen Nachrichtenmagazin im Fernsehen. Auch spontane Antworten der Rezipienten waren in dem klassischen

3.7 Feldschema der Massenkommunikation

Modell der Massenkommunikation bereits vorgesehen. Dies erfolgte in den klassischen Medien durch Leserbriefe oder auch durch parasoziale Beziehungen mit prominenten Persönlichkeiten und ist somit eine Art kommunikative Interaktionen, die mit vertrauten Personen in den Medien vollzogen werden.

Social-Media-Anwendungen ermöglichen zudem eine dialogorientierte Kommunikation. Daher sollte dieses klassische, theoretische Modell an die veränderte, dialogorientierte Kommunikation angepasst werden. Jedoch können wir hier festhalten, dass zentrale Beobachtungen und Analysen, die Maletzke für die Massenkommunikation in den klassischen Medien vorgenommen hat, auch in der Kommunikation in den sozialen Medien eine zentrale Rolle spielen. Auch hier spielt beispielsweise das Selbstbild und das Fremdbild der Kommunikatoren beim Entschlüsseln der Nachricht eine zentrale Rolle (Abb. 3.6).

Wenn wir diese Modelle auf die Anwendungen in den sozialen Medien übertragen, können wir noch weitere Kenntnisse herausziehen, wie in der Abb. 3.7 zu sehen ist.

In den Anwendungen in den sozialen Medien treffen die Nutzer eine Auswahl aus dem Angebot, indem sie sich bestimmten Gruppen anschließen, bestimmten Personen folgen oder bestimmte Kanäle bspw. auf YouTube abonnieren. Zudem übt das

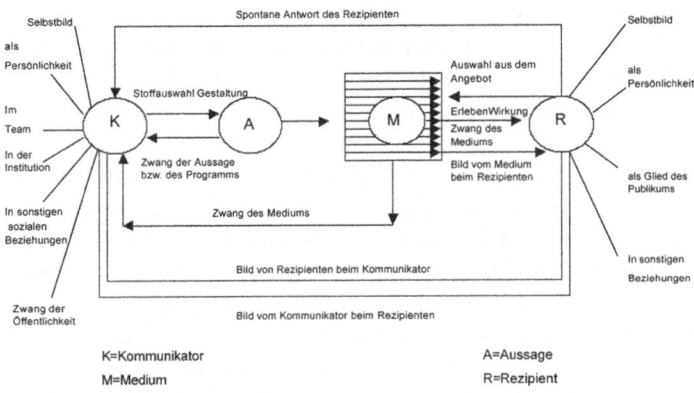

Abb. 3.6 Feldschema der Massenkommunikation von Maletzke. (Quelle: Maletzke 1998, S. 15)

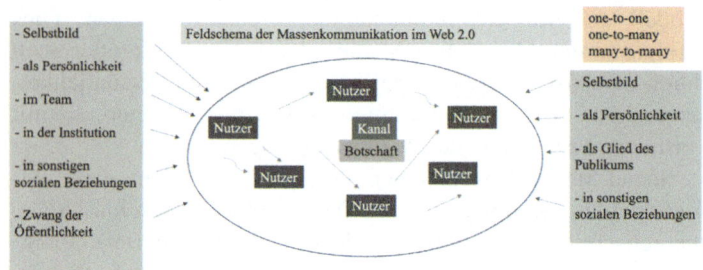

Abb. 3.7 Modell der Massenkommunikation im Web 2.0. (Quelle: Eigene Darstellung)

Medium einen Zwang aus, bspw. ist die Kommunikation bei X (vormals Twitter) und Facebook auf 160 Zeichen begrenzt. Zudem werden die Inhalte auch noch bei der Decodierung des Inhalts beeinflusst, jeweils abhängig davon, welche Vorstellung die Rezipienten von dem jeweiligen Medium haben.

Dieses Modell müsste jedoch auch noch hinsichtlich der Nutzenden auf die Kommunikation in den sozialen Medien angepasst werden, weil es nicht einen Kommunikator und einen Rezipienten gibt, wie noch in den klassischen Kommunikationsmedien der Massenkommunikation, sondern weil jeder gleichermaßen beide Funktionen einnehmen kann.

Kommunikation in den sozialen Medien findet aber auch in Bezug auf die verschiedenen sozialen Dimensionen und in einem sozialen Kontext statt, der Einfluss auf die Kommunikation hat. Kommunikation ist immer auch kontextabhängig.

Wie wir auch noch am symbolischen Interaktionismus in Abschn. 4.1 sehen werden, erzeugen alle am Kommunikationsprozess beteiligten Personen, die Bedeutung der Nachricht und Kommunikation. Das Selbstbild und die Persönlichkeit der Nutzer haben ebenfalls einen großen Einfluss auf den Kommunikationsprozess in der Kommunikation in den sozialen Medien. Die Bedeutung entsteht immer erst in der sozialen Interaktion.

In der Kommunikation in den sozialen Medien spielt die Auswahl der Inhalte, das Erleben von Inhalten und das Image des

Mediums selbst, wie bei dem klassischen Feldschema der Massenkommunikation auch eine wichtige Rolle.

Als Zwischenfaziz können wir behaupten, dass einige Aussagen des theoretischen Kommunikationsmodells für die Kommunikation in den sozialen Medien anwendbar sind und sogar noch wichtiger werden.

3.8 Modell der elektronisch mediadisierter Gemeinschaftskommunikation

Das erweiterte Feldschema versucht diese neuen Entwicklungen in der Massenkommunikation zu beschreiben. Dazu wurde das Feldschema der Massenkommunikation an die neuen technischen Entwicklungen und an die neuen Medien angepasst. Nach diesem Modell verliert zum einen die „Dichotomie von Individual- und Massenmedien an analytischem Wert" (Burkart und Hömberg 2012, S. 265) und zum anderen löst sich die „Trennung zwischen Sender (Dienstanbieter) und Empfänger (Nachfrager) tendenziell auf" (Burkart und Hömberg 2012, S. 265). Gerade im Zuge der Kommunikation im Web 2.0 können alle zu Sendern und Empfängern von Kommunikationsinhalten werden. Dieses Modell wandelt die one-to-many Struktur der Massenkommunikation in eine many-to-many-Kommunikation virtueller Gemeinschaften.

In dem Modell in Abb. 3.8 wird die strikte Trennung zwischen Kommunikator und Rezipient aufgehoben und es wird von zwei Gruppen von Beteiligten gesprochen: B (1 − n) und B (2 − n). Die B (1 − n) wählen den Stoff aus, wohingegen die B (2 − n) die Wirkung der Stoffauswahl erleben und konsumieren und den Beteiligten B (1 − n) somit eher auch wieder eine Kommunikatorrolle zukommt. Darüber hinaus gibt es nach diesem Modell auch organisierte Beteiligte (1 − n) und (2 − n). Damit sind Provider, Telefonfirmen und Hardwarehersteller gemeint.

Ein Vorteil dieses Modells ist, dass über die organisierten Beteiligten auch ökonomische Faktoren miteinbezogen werden, jedoch führt dieses sogenannte „erweiterte" Feldschema im

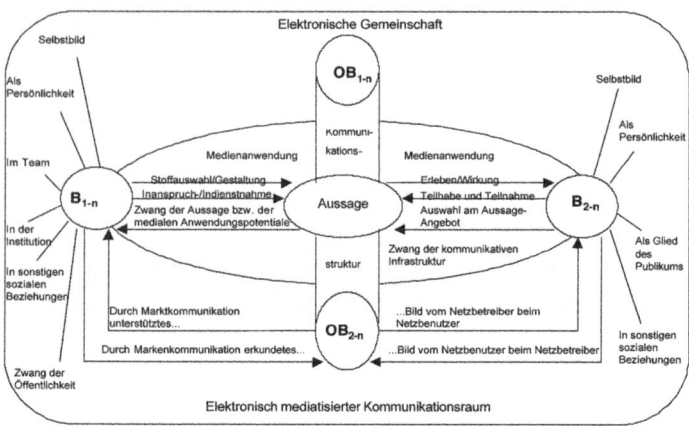

Abb. 3.8 Modell elektronisch mediatisierter Gemeinschaftskommunikation. (Quelle: Burkart und Hömberg 2012, S. 266)

Wesentlichen nur den Begriff der Beteiligten im Unterschied zu Sender (Kommunikator) und Empfänger (Rezipient) ein.

Dieses erweiterten Feldschema für Massenkommunikation will eine dynamischere und auch interaktivere Sichtweise auf die Kommunikation in der digitalen Ära präsentieren. Schauen wir uns dazu die wichtigsten Punkte an:

- **Überwindung der Dichotomie von Individual- und Massenmedien:** Das Modell versucht, die traditionelle Unterscheidung zwischen Individual- und Massenmedien zu überwinden. In der heutigen digitalen Landschaft, insbesondere im Web 2.0, können Menschen sowohl Inhalte erstellen als auch konsumieren, wodurch die klassische Dichotomie an analytischem Wert verliert.
- **Auflösung der Trennung zwischen Sender und Empfänger:** Das Modell reflektiert den Wandel von einer klaren Trennung zwischen Sender (Dienstanbieter) und Empfänger (Nachfrager) mit der Tendenz, diese Unterscheidung aufzulösen. Im Kontext des Web 2.0 kann jeder Teilnehmer sowohl

als Sender als auch als Empfänger von Kommunikationsinhalten fungieren.
- **Many-to-Many Kommunikation virtueller Gemeinschaften:** Das traditionelle Modell der Massenkommunikation mit einer one-to-many Struktur wird in eine many-to-many Kommunikation virtueller Gemeinschaften transformiert. Dies spiegeln die Interaktivität und Partizipation wider, die durch digitale Medien und soziale Plattformen ermöglicht werden.
- **Zwei Gruppen von Beteiligten (B (1 − n) und B (2 − n)):** Statt der strikten Unterscheidung zwischen Kommunikator und Rezipient gibt es nun zwei Gruppen von Beteiligten. B (1 − n) wählen den Inhalt aus, während B (2 − n) die Wirkung der Stoffauswahl erleben und konsumieren. Dies unterstreicht die aktive Rolle der Gemeinschaft in der Erstellung und Verbreitung von Inhalten.
- **Organisierte Beteiligte (1 − n) und (2 − n):** Das Modell berücksichtigt auch organisierte Beteiligte wie Provider, Telefonfirmen und Hardwarehersteller. Dies spiegelt die Vielfalt der Akteure wider, die an der Gestaltung und Unterstützung der Kommunikationsinfrastruktur beteiligt sind.

Insgesamt zeigt dieses Modell eine Anpassung an die neuen Realitäten der digitalen Kommunikation und betont die zunehmende Partizipation, Interaktivität und Gemeinschaftsorientierung in der Mediennutzung.

3.9 Kommunikationsmodell für die Internetöffentlichkeit

Das Web 2.0 wird durch die Partizipation der Nutzer mitbestimmt. Diese werden in die Kommunikation integriert und aktiv zur Interaktion aufgefordert. Hier dreht sich alles um Kommunikation, Interaktion und Partizipation. Wie Abb. 3.9 zeigt fungieren in den klassischen Massenmedien die Journalisten noch als eine Art Torwächter bzw. „Gatekeeper", die entscheiden, welche Informationen relevant sind. In der Internetöffentlichkeit wird

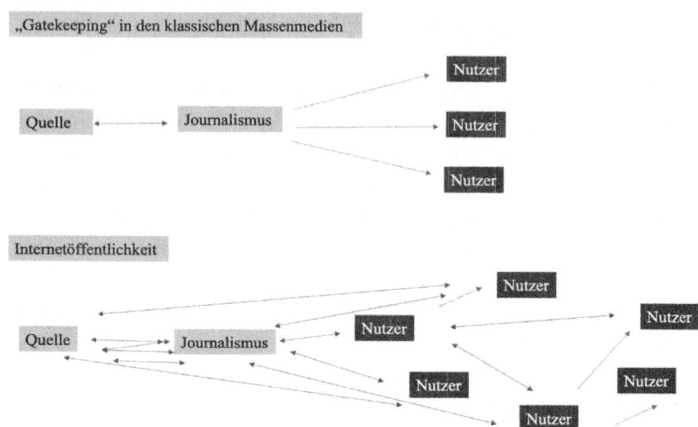

Abb. 3.9 Modell der Medienentwicklung. (Quelle: Eigene Darstellung nach Neuberger 2008)

diese Rolle der Journalisten zunehmend unwichtiger und scheint sich gar dem Ende zuzuneigen, da die Publikationsentscheidungen nicht mehr nur von Journalisten und Medienunternehmen getroffen werden (Meier und Neuberger 2016, S. 9).

Im Web 2.0 sind die Nutzer und die Plattformbetreiber zu den „Gatekeepern" von Informationen geworden. Durch das Nutzerverhalten und die Algorithmen wird das Ranking in Suchmaschinen wie Google und anderen Social-Media-Plattformen beeinflusst und bestimmt, welche Inhalte wichtig bzw. unwichtig sind. Durch die sozialen Medien hat sich das klassische Gatekeeper-Modell der Massenmedien verändert. Die eindimensionale Kommunikationsbeziehung (one-to-many), die in den klassischen Massenmedien dominierte, hat sich in der Internetöffentlichkeit im Web 2.0 hin zu einer many-to-many-Kommunikation gewandelt, die durch Interaktivität, Eigenaktivität der Nutzer und eine zunehmende horizontale und dezentrale Kommunikation geprägt ist. Jeder kann Inhalte erstellen und mit anderen teilen, ohne auf traditionelle Gatekeeper angewiesen zu sein. In dieser entgrenzten Öffentlichkeit können sich die

Menschen aktiv an Diskussionen teilnehmen, Inhalte erstellen und verbreiten.

Dies kann nach Habermas (2022) die Qualität der kommunizierten Inhalte beeinträchtigen und zu einer „enthemmten, gegen dissonante Meinungen und Kritik abgeschirmten Diskursen" (Habermas 2022, S. 47) führen. Folge dieser Entwicklung nach Habermas (2022) ist die Gefahr der entgrenzten und fragmentierten Öffentlichkeit. Zudem besteht das Risiko, dass sich Fake News und Desinformationen schneller verbreiten, wenn die Gatekeeperrolle erodiert.

> **Zusammenfassung**
> In diesem Kapitel wurden die zentralen Kommunikationsmodelle betrachtet. Dazu haben wir uns zunächst mit dem Kommunikationsbegriff befasst und untersucht, was die verschiedenen Kriterien und Dimensionen für die Kommunikation in den sozialen Medien bedeutet. Dazu wurde der Begriff Kommunikation von kommunikativen Verhalten abgegrenzt. Die von Merten entwickelten Kriterien der kommunikativen Interaktion, wie Reziprozität, Intentionalität, Anwesenheit, Sprachlichkeit, Wirkung und Reflexivität wurden auf die Kommunikation in den sozialen Medien angewendet. Ebenso die von Scheufele entwickelten Aspekte der Kommunikation, welche sich in die gegensätzlichen Pole direkte und indirekte, einseitige und gegenseitige, private und öffentliche, formelle und informelle als Ausprägungen unterscheiden lassen. Diese Kriterien und Aspekte lassen sich auch sehr gut auf die Kommunikation in den sozialen Medien anwenden und können als Folie verwendet werden, um neue Erkenntnisse über die Kommunikation in den sozialen Medien zu erlangen. Dies gilt auch für die kommunikationstheoretischen Ansätze nach Burkart, der den Kommunikationsprozessen verschiedene Dimensionen zuordnet, wie der Konstruktion-, der Interaktion-, der Anwendungs- und Raumdimension.
>
> Die vorgestellten Modelle haben eine große Aussagekraft für Anwendungen in den sozialen Medien. Eingangs

haben wir uns mit den grundlegenden Kommunikationsmodellen befasst, wie beispielsweise das Encoder-Decoder-Modell, die Axiome von Watzlawick und das Feldschema der Massenkommunikation von Maletzke sowie das Kommunikationsmodell der Internetöffentlichkeit. Dieses Modell macht deutlich, dass sich die Öffentlichkeit durch das Internet und die sozialen Medien verändert hat und im Web 2.0 die Nutzer zu Gatekeeper von Informationen geworden sind.

Insgesamt zeigen die Modelle, dass Kommunikation in den sozialen Medien komplex ist und von vielen Faktoren beeinflusst wird.

Literatur

Badura, B.: Mathematische und soziologische Theorien der Kommunikation. In: Burkart, R./Hömberg, W. (Hrsg.). (2012): Kommunikationstheorien. Ein Textbuch zur Einführung. 6. Auflage. new academic press. Wien.

Badura, B. (1971). Sprachbarrieren. Zur Soziologie der Kommunikation. Stuttgart. Problemata. frommann-holzboog.

Beck, K. (2013). Kommunikationstheorien. In: Bentele, G./Brosius, H.-B./Jarren, O. (Hrsg.): Lexikon Kommunikations- und Medienwissenschaften. VS Verlag für Sozialwissenschaften.

Bierhoff, H.-W./Frey, D. (2006). Handbuch der Sozialpsychologie und Kommunikationspsychologie. (1. Aufl.) Hogrefe Verlag. Göttingen.

Burkart, R.: Kommunikationswissenschaft (2002). Wien. Böhlau Verlag.

Burkart, R.: Kommunikationsmodelle (2003). In: Bentele, G./Brosius, H.-B./Jarren, O. (Hrsg.): Öffentliche Kommunikation. Westdeutscher Verlag.

Burkart, R./Hömberg, W. (Hrsg.). (2012): Kommunikationstheorien. Ein Textbuch zur Einführung. 6. Auflage. new academic press. Wien.

Dimitrova, V. (2014). Sozial-emotionale Kompetenzentwicklung. Leitfaden der Entfaltung der emotionalen Welt. Springer VS. Wiesbaden.

Faßler, M. (1997). Was ist Kommunikation. UTB Verlag.

Forgas, J. P. (1995). Soziale Interaktion und Kommunikation. Eine Einführung in die Sozialpsychologie. Beltz Verlag. Landsberg.

Göldi, S. (2003): Kommunikation. Handbuch für Studierende. h.e.p. Verlag ag.

Literatur

Goffman, E. (1959). The presentation of self in everyday life. New York, NY: Anchor Books.

Habermas, J. (2022). Ein neuer Strukturwandel der Öffentlichkeit und die deliberative Politik. Suhrkamp Verlag.

Hardaker, C., & McGlashan, M. (2016). "Real men don't hate women": Twitter rape threats and group identity. Journal of Pragmatics, 91, 80–93.

Kiesler, S./Siegel, J./McGuire, T.W.(1984). Social psycholocical aspects of computer-mediated communication. American Psychologist, 39, 1123–1134.

Maletzke, G. (1998) Kommunikationswissenschaften im Überblick: Grundlagen, Probleme, Perspektiven. Opladen.

Meier, K./Neuberger, C. (2016). Einführung: Stand und Perspektiven der Journalismusforschung. In: Journalismusforschung. Nomos Verlag, S. 7–20, (2. Aufl.).

Merten, K. (1977). Kommunikation. Eine Begriffs- und Prozessanalyse. Opladen.

Neuberger, C. (2008). Internet und Journalismusforschung. Theoretische Neujustierung und Forschungsagenda. In: Quandt, T./Schweiger, W. (Hrsg.): Journalismusforschung. Journalismus online – Partizipation oder Profession? Wiesbaden, S. 17–42.

Röhner, J./Schütz, A.(2012). Psychologie der Kommunikation. Lehrbuch. Springer VS Verlag.

Scheufele, B. (2014). Kommunikation und Medien: Grundbegriffe, Theorien und Konzepte. In: Zerfaß, A./Piwinger, M. (Hrsg.): Handbuch Unternehmenskommunikation. Springer Gabler.

Schütz, A./Rentzsch, K. (2007). Selbst und Kommunikation In: Six, U./Gleich, U./Gimmler, R. (Hrsg.): Kommunikationspsychologie und Medienpsychologie. Belz Verlag. Weinheim.

Shannon C. E./Weaver W. (1976): Mathematische Grundlagen der Informationstheorie, München.

Walther, J. B. (1996): Computer-Mediated Communication: Impersonal, interpersonal, and hyperpersonal interaction. Communication Research, 23 (1), 3–43.

Walther, J. B. (2011). Theories of computer-mediates communication and interpersonal relations. In M. L. Knapp/J.A. Daly (Eds.), The SAGE handbook of interpersonal communication (4 ed., pp. 443–479). Thousands Oaks: SAGE.

Watzlawick, P./Beavin, J. H./Jackson, D. D. (2011). Menschliche Kommunikation; Formen, Störungen, Paradoxien. Stuttgart.

Soziologische Kommunikationstheorien 4

4.1 Die Theorie des Symbolischer Interaktionismus

Der Symbolische Interaktionismus ist ein sozialwissenschaftlicher Ansatz zur Analyse menschlichen Verhaltens und menschlichen Zusammenlebens. Der Symbolische Interaktionismus wurde von Blumer entwickelt und bedient sich auch Elementen des Konstruktivismus. Diese Theorie versteht Kommunikation als interaktives Handeln, welche Bedeutungen dieser Welt als Ergebnis des Handels schafft. Also erst durch die kommunikative Interaktion entsteht die Realität bzw. wird die Realität auf eine bestimmte Weise gedeutet.

Aus dieser grundlegenden Theorie des Symbolischen Interaktionismus können sehr wertvolle Aspekte für die Kommunikation in den sozialen Medien abgeleitet werden.

Nach dem Symbolischen Interaktionismus werden erst über den kommunikativen Austausch Bedeutungen und Informationen ausgehandelt und dadurch Realität konstruiert (Scheufele 2014, S. 109). Demnach werden Symbolen und Zeichen im Kommunikationsprozess unterschiedliche Bedeutungen zugewiesen. Die Kommunikationspartner können sich erst dann verständigen, wenn sie den Zeichen und Symbolen übereinstimmende Bedeutungen zuweisen. Diese Übereinstimmungen werden erst im kommunikativen Prozess geschaffen und sind somit eine Interpretations- und Definitionsleistung (Burkart 2003, S. 179).

So findet Verständigung statt, und es entstehen nach Mead (1973, S. 86) signifikante Symbole. *Signifikante Symbole* haben für die beiden Kommunikationsteilnehmer die gleiche Bedeutung. Wie in der folgenden Abbildung deutlich wird, findet nach diesem Modell nur dann Verständigung statt, wenn die Bedeutungsvorräte übereinstimmen (Abb. 4.1).

Nach Blumer (1973, S. 81) gibt es für die Kommunikation drei wichtige Prämissen:

1. Prämisse: Menschen handeln „Dingen" gegenüber auf der Grundlage der Bedeutungen, die diese für sie besitzen. Dinge sind dabei physische Gegenstände, Menschen, Institutionen, Leitideale, Handlungen oder Situationen.
2. Prämisse: Die Bedeutung solcher „Dinge" entsteht immer in sozialen Interaktionen. Was in der einen Situation angemessen ist, ist in einem anderen Kontext unangemessen.
3. Prämisse: Die Bedeutungen entstehen und verändern sich in einem interpretativen Prozess, den die Personen in ihrer Auseinandersetzung mit den Dingen der Welt eingehen.

Nach dem Symbolischen Interaktionismus entsteht erst in der Kommunikation bzw. im Interaktionsprozess Bedeutung. Erst im Kommunikationsprozess weisen wir Situationen, Menschen, Institutionen und Unternehmen ihre Bedeutung zu. Zudem kann der Charakter der Interaktion selbst die Bedeutung der „Dinge", die

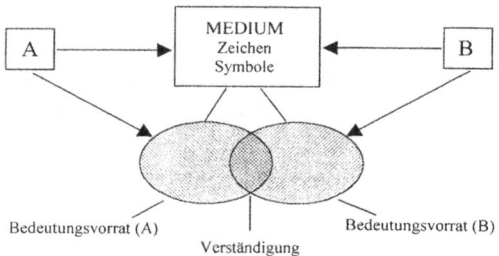

Abb. 4.1 Verständigung als Schnittmenge von Bedeutungsvorräten. (Quelle: Burkart 2002, S. 60)

4.1 Die Theorie des Symbolischer Interaktionismus

sie für die beteiligten Kommunikationspartner hat, verändern. Der konstruktive Charakter geht auch aus dem folgenden Zitat von Blumer (1973, S. 81) hervor, da Bedeutungen soziale Produkte und Schöpfungen sind:

> *„Die Bedeutung eines Dinges für eine Person ergibt sich aus der Art und Weise, in der andere Personen ihr gegenüber in Bezug auf dieses Ding handeln. Ihre Handlungen dienen der Definition dieses Dinges für diese Person. Für den symbolischen Interaktionismus sind Bedeutungen daher soziale Produkte, sie sind Schöpfungen, die in den und durch die definierenden Aktivitäten miteinander interagierender Personen hervorgebracht werden."*

Verständigung kommt also nur zustande, wenn die an der Kommunikation Beteiligten den verwendeten Zeichen bzw. Symbolen dieselben Bedeutungen zuschreiben. Wenn Zeichen bzw. Symbolen unterschiedliche Bedeutungen beigemessen werden, misslingt wechselseitige Kommunikation (Burkart und Hömberg 2012, S. 12). Nach dem Symbolischen Interaktionismus schreiben wir den „Dingen" in unserer Umgebung eine bestimmte Bedeutung zu und konstruieren dadurch unsere Wirklichkeit. Auch die Entstehung unserer Identität ist stark davon geprägt, wie uns andere wahrnehmen und deuten. Unsere Identität entsteht nach dem Symbolischen Interaktionismus also erst mit und aus der Perspektive unseres Gegenübers (Burkart und Hömberg 2012, S. 12).

Auf diese Weise entwickeln wir auch unsere virtuelle Identität in den sozialen Medien. Unsere virtuelle Identität hängt sehr stark davon ab, wie uns die Menschen in den sozialen Netzwerken gegenübertreten und welche Resonanz wir durch unsere Kommunikation erzeugen.

Die Theorie des symbolischen Interaktionismus hat zudem auch die massenkommunikative Wirkungsforschung beeinflusst. Aus dieser Theorie entstand der „Nutzenansatz", der ebenfalls davon ausgeht, dass über die Massenmedien kommunizierte Inhalte keine Bedeutung „an sich" haben, sondern dass ihre Bedeutung ebenfalls erst aus der jeweiligen Nutzung entsteht und Bedeutung somit erst durch einen interaktiven Prozess entfaltet wird (Burkart und Hömberg 2012, S. 12). Diese Einsichten sind für die Analyse von Kommunikationsprozessen und -situationen sehr aussagekräftig und dadurch hilfreich.

Schauen wir uns die Theorie des Symbolischen Interaktionismus bezogen auf die sozialen Medien an. Diese Theorie wurde vor rund 50 Jahren entwickelt und bietet nach wie vor eine gute Folie, um das Kommunikationsverhalten im Web 2.0 und die Entstehung der öffentlichen Meinung zu erklären. Nach dem Symbolischen Interaktionismus entsteht Bedeutung erst im Kommunikationsprozess. Die Bedeutung eines Medieninhalts oder auch der Inhalte eines Kommunikationskanals oder auch einer Plattform selbst hängt von der Interpretation der handelnden Individuen ab.

Während früher die gesellschaftliche Realitätskonstruktion vor allem durch den Sender von Informationen bestimmt wurde, spielen heute – wie hier in dem Kommunikationsmodell in Abb. 4.2 zu sehen – die Nutzer, die einstigen Empfänger von Informationen, eine aktivere Rolle in der Realitätskonstruktion.

In Anlehnung an den Symbolischen Interaktionismus stellen Medieninhalte und auch andere Inhalte in den sozialen Medien jedoch keine objektiven Tatsachen dar, sondern erhalten ihre Aussage erst durch die Bedeutungszuweisung des Subjekts bzw. der Subjekte. Medieninhalte müssen interpretiert werden und dies geschieht vermehrt im Web 2.0. Somit ist das Individuum nicht nur passiver Reizempfänger, sondern gestaltet aktiv durch

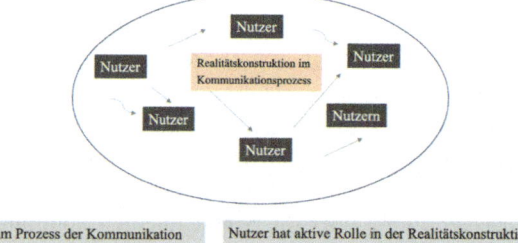

Abb. 4.2 Symbolischer Interaktionismus- Interaktive Entstehung der Bedeutung im Kommunikationsprozesse. (Quelle: Eigene Darstellung)

4.1 Die Theorie des Symbolischer Interaktionismus

seine subjektiven Bedeutungszuweisungen den Bedeutungsgehalt mit. Die Bedeutung von Informationen, Nachrichten, Bildern und Videos in den sozialen Medien ist folglich nicht von Natur aus gegeben, sondern entsteht erst durch die Interpretation und Interaktion der nutzenden Menschen. Hier sind einige Aspekte, die dies verdeutlichen:

- **Interpretation und Bedeutung**: Medieninhalte können auf verschiedene Weisen interpretiert werden, abhängig von den Erfahrungen, Überzeugungen und Werten der Nutzenden. Was für eine Person bedeutsam ist, kann für eine andere unbedeutend sein. Diese Interpretationen beeinflussen die Bedeutung, die den Inhalten zugeschrieben wird.
- **Filterblase und Echokammern**: In den sozialen Medien neigen Menschen dazu, Inhalte zu konsumieren und mit Menschen zu interagieren, die ähnliche Ansichten und Meinungen haben. Dies kann dazu führen, dass Informationen in einer „Filterblase" zirkulieren, in der bestätigende Meinungen verstärkt werden und alternative Perspektiven vernachlässigt werden.
- **Kontextabhängigkeit**: Die Bedeutung von Inhalten ist stark kontextabhängig. Ein und derselbe Beitrag kann in verschiedenen sozialen, kulturellen und politischen Kontexten unterschiedliche Interpretationen erhalten.
- **Selbstpräsentation**: In den sozialen Medien inszenieren Benutzer oft eine bestimmte Darstellung ihres Selbst und ihrer Identität, indem sie selektiv Inhalte teilen und Kommentare verfassen. Diese Selbstinszenierung kann von anderen Benutzern wahrgenommen und interpretiert werden.
- **Virale Trends und Memes**: In den sozialen Medien können bestimmte Inhalte, wie Memes oder virale Trends, schnell an Bedeutung gewinnen und von vielen Nutzern geteilt werden. Diese Phänomene sind oft stark von sozialen Interaktionen und kulturellen Codes geprägt.

Der symbolische Interaktionismus betont die Bedeutung von Medieninhalten und anderen Inhalten in den sozialen Medien, die durch die subjektive Interpretation und soziale Interaktion der Benutzer geformt wird. Diese Perspektive hilft zu verstehen, auf welche Weise die sozialen Medien eine Plattform für die Schaffung, Verbreitung und Interpretation von Bedeutung und Identität bieten. Beispielsweise kann ein geteilter Post eines Nachrichtenartikels auf einer Social-Media-Plattform von den Nutzern je nach Interesse verschieden interpretiert werden. Diese Interpretation und die weiteren Kommentare, die sich auf den Post des Nachrichtenartikels beziehen, werden durch die sozialen Interaktionen, Kommentaren und Meinungen der Benutzer in einen sozialen Kontext gestellt. Diese Interaktionen formen die Bedeutung und den Einfluss des Artikels auf die jeweilige Zielgruppe und zeigen, wie Informationen in den sozialen Medien durch Interaktionen der Nutzer anders gedeutet werden und zu polarisierenden Debatten in den sozialen Medien führen können. Allerdings konnte in einer Studie „Triggerpunkte" von Mau et al. 2023 aufgezeigt werden, dass es in der deutschen Gesellschaft „keine Anzeichen für eine zunehmende Polarisierung gibt" (Mau et al. 2023, S. 381), sondern bezogen auf die grundlegenden Leitvorstellungen ein gesellschaftlicher Konsens existiert (Mau et al. 2023, S. 381).

Durch die sozialen Medien wird darüber hinaus eine Demokratisierung der Artikulation ermöglicht. Gleichzeitig sind die sozialen Medien jedoch auch eine Gefahr für die Demokratie geworden, wie unter anderen die ehemalige Facebook Mitarbeiterin und Whistleblowerin Frances Haugen in einer Anhörung vor dem US-Kongress im Oktober 2021 aussagte (Der Spiegel 2021a). Auch die Journalistin, Maria Ressa, nennt Facebook in einem ihrer ersten Interviews nach der Bekanntgabe des Friedensnobelpreis 2021 „eine Gefahr für die Demokratie". Zwar können Kunden und andere Nutzer sehr einfach online Meinungen äußern, Bewertungen abgeben oder sogar selbst publizistisch aktiv werden. Dies hört sich auch zunächst sehr demokratisch an, allerdings ziehe das Netzwerk die Verbreitung von Lügen, die mit Wut und Hass durchsetzt sind, Fakten vor (Der Spiegel 2021b). Dadurch entsteht eine Verzerrung des Diskurses, da in den sozialen Medien bezüglich einiger Themen, wie Migration,

Polarisierungen auftreten können, welche nicht unbedingt das gesellschaftliche Meinungsklima abbilden (Mau et al. 2023).

Das Internet und vor allen Dingen die sozialen Netzwerke tragen zur Realitätskonstruktion und Meinungsbildung in modernen Gesellschaften bei, auch wenn die Nutzer sich dessen häufig gar nicht bewusst sind. Alleine durch das jeweilige Surf- und Klickverhalten wird der Such-Algorithmus von Google und auf anderen Social-Media-Plattformen beeinflusst. Durch ihre Aufmerksamkeit und Kommunikationsverhalten beeinflussen sie auch den Algorithmus auf Facebook, da das Engagement der Nutzer bei weniger polarisierenden Inhalten sinkt. Facebook ist an einem hohen Engagement der Nutzer gelegen und hebt deshalb polarisierende und aufhetzende Posts hervor und diese werden durch den Algorithmus höher gerankt (Inside 2021). Die Geschäftsmodelle von Facebook, Google, YouTube stellen ökonomische Prinzipien folglich über ethischen Überlegungen. Dies beschreibt auch Russ-Mohl (2017) in „Die informierte Gesellschaft und ihre Feinde" und konstatiert: „Facebook, Google und andere Plattformen haben außerdem Fake News, die sich viral verbreiten, bislang größer alimentiert" (Russ-Mohl 2017, S. 98).

Im Folgenden werden wir die „Theorie des kommunikativen Handels" von Jürgen Habermas betrachten und ihre Aussagekraft für die Kommunikation in den sozialen Medien analysieren.

4.2 Die Theorie des kommunikativen Handelns

Im Unterschied zum Symbolischen Interaktionismus steht bei Habermas (1981) in seiner „Theorie des kommunikativen Handelns" der Begriff „Verständigung" im Mittelpunkt. Seine Theorie ist gleichsam eine Gesellschaftstheorie, welche die Bedingungen einer erfolgreichen, kommunikativen Demokratie beschreibt und von daher auch eine sehr idealtypische Theorie ist (Burkart und Hömberg 2012, S. 13). Sie versucht universale Verständigungsbedingungen zwischen Kommunikationsteilnehmern in Verständigungsprozessen zu entwickeln (Burkart und Hömberg 2012, S. 42).

„Das allgemeine Ziel jeglicher Kommunikation besteht somit – auf den Punkt gebracht – in der Organisation des Miteinander-Lebens, im Aushandeln von Lebensverhältnissen und genau zu diesem Zweck müssen Verständigungsprozesse ablaufen, in denen verschiedene partikuläre Interessen gleichermaßen berücksichtigt werden" (Burkart und Hömberg 2012, S. 43).

„Verständigung" ist nach Habermas mehr „als das bloße Übereinstimmen der Kommunikationspartner im Hinblick auf die Bedeutung der verwendeten Symbole – nämlich: die freiwillige, gewaltlose, auf gegenseitigen Überzeugungen beruhende und mithin vernünftige Einigung im Gespräch." (Habermas 1976 zitiert nach Burkart und Hömberg 2012, S. 13). Nach der Theorie des kommunikativen Handelns ist Kommunikation, wie beim symbolischen Interaktionismus auch, ein interaktiver Prozess mit Kommunikationspartnern (Burkart und Hömberg 2012, S. 12).

Habermas geht jedoch in seiner Theorie davon aus, dass Kommunikation in der Regel auf Verständigung ausgerichtet ist. Eine Einigung bzw. Verständigung der Kommunikationspartner kommt seiner Ansicht nach durch überzeugende Argumente zustande (Burkart und Hömberg 2012, S. 12).

Habermas (1981) unterscheidet in seiner „Theorie des kommunikativen Handelns" vier unterschiedliche Handlungstypen bzw. Handlungsmotive (Habermas 1981, S. 126 ff.):

Durch **strategisches** Handeln möchte der Handelnde mithilfe der Sprache andere überzeugen und auf andere einwirken. Hier möchte man den Kommunikationspartner von eigenen Meinungen und Ansichten überzeugen.

Im **normenorientierten** Handeln werden kulturelle Werte überliefert. Kommunikation dient dazu, einen Konsens über kulturelle Werte herzustellen.

Im **dramaturgischen** Handeln dient die Sprache der Selbstinszenierung. Diese Form der Kommunikation ist vergleichbar mit dem „Impression Management", einem Modell, welches von dem amerikanischen Soziologen Erving Goffman (2003) entwickelt wurde. Die Kommunikationsteilnehmer beabsichtigen nicht, sich über bestimmte Themen zu verständigen, sondern

4.2 Die Theorie des kommunikativen Handelns

präsentieren ihre eigenen Auffassungen zur Selbstdarstellung. Zudem geht diese Form der Kommunikation auch einer mit dem medienpsychologischen Modell der Selbstdarstellung, welches wir in den sozialen Medien vorfinden und im Abschn. 5.3 ausführlicher behandelt wird.

Das kommunikative Handeln ist eine Form des sozialen Handelns und hat die gegenseitige Verständigung der Kommunikationspartner zum Ziel. Bei dieser Form der verständigungsorientierten Kommunikation sind die Kommunikationsteilnehmer bemüht, auf der Grundlage gemeinsamer Überzeugungen ein rational motiviertes Einverständnis herzustellen.

Diese Form der Kommunikation ist jedoch in der Alltagspraxis in seiner idealtypisierten Form selten zu finden (Habermas 1995, S. 387).

Die Theorie des kommunikativen Handelns, welches auf gegenseitiger Verständigung basiert und das Ziel hat, eine Diskussion zwischen den Teilnehmern auszulösen, kann gerade im Web 2.0 Erklärungen für Kommunikationsphänomene liefern und erfährt dadurch eine neue Relevanz. Die Theorie des kommunikativen Handelns setzt für eine erfolgreiche Kommunikation voraus, dass die Informationen für den Rezipienten verständlich dargeboten werden. Die Kommunikation in den sozialen Medien sollte nach diesem normativen Theorieansatz im Idealfall in eine gegenseitige Verständigung münden.

Habermas versucht in seinen theoretischen Bestrebungen die „universalen Bedingungen möglicher Verständigung zu identifizieren und nachzukonstruieren" (Habermas 1976, S. 174). Nach Habermas ist die „strukturell zugesicherte (…) Zwanglosigkeit der Kommunikation" (Habermas 2009, S. 17) die Voraussetzung, um zu dem besten Argument zu gelangen.

Die Grundlage des sich daraus entwickelten Konzepts des kommunikativen Handelns ist die Verständigung, welche seiner Ansicht dann zustande kommt, wenn die folgenden universellen Ansprüche erfüllt sind.

- Wahrheit: sachliche Richtigkeit der Aussageinhalte
- Wahrhaftigkeit: Glaubwürdigkeit des Produzenten von Äußerungen

- Richtigkeit: Aussagen müssen in Bezug auf die Themen angemessen und richtig sein

Hier stellt sich die Frage, welche Aussagekraft die „Theorie des kommunikativen Handelns" für die Kommunikation in den sozialen Medien hat. Die Theorie von Habermas ist eine normativ sehr idealisierte Form der Kommunikation und stellt hohe Anforderungen an die universellen Bedingungen an eine verständigungsorientierte Kommunikation. In den sozialen Medien finden wir eine neue kommunikative Ausgangssituation vor, welche Jürgen Habermas (2022) in seinem Buch „Ein neuer Strukturwandel der Öffentlichkeit und deliberative Politik" beschreibt. Durch diesen neuen Strukturwandel der Öffentlichkeit sieht Habermas (2022, S. 12) „den mehr oder weniger deliberativen Modus der Meinungs- und Willensbildung gefährdet." Virale Trends und algorithmische Entscheidungen können einen verständigungsorientierten Diskurs also erheblich beeinflussen und die sozialen Medien können zudem gezielt im Rahmen einer strategischen Kommunikation für Desinformation missbraucht werden. Zudem können wir in den sozialen Medien eine Fragmentierung und Polarisierung der Öffentlichkeit feststellen, welcher einen verständigungsorientierten Diskurs erschwert, da hier eher ein konfrontative Auseinandersetzung vorherrschend ist.

4.3 Systemtheorie von Niklas Luhmann

Luhmann beschreibt in seinem umfangreichen Werk „Die Realität der Massenmedien" (Luhmann 2017) die mediale Konstruktion der Realität. Daraus stammt auch sein berühmte Eingangszitat: „Was wir über unsere Gesellschaft, ja über die Welt, in der wir leben, wissen, wissen wir durch die Massenmedien (Luhmann, 2017, S. 9)".

Luhmann unterscheidet Realität in Realität erster und zweiter Ordnung. Die beobachteten Medien und daraus resultierende Realität ist die Realität zweiter Ordnung. „Um diese Unterscheidung festzuhalten, können wir (immer mit Bezug auf einen Beobachter) von erster Realität und von zweiter (oder: beobachteter)

4.3 Systemtheorie von Niklas Luhmann

Realität sprechen. Wir beobachten jetzt eine Realitätsverdoppelung, die in dem beobachteten System der Massenmedien stattfindet" (Luhmann, 2017, S. 9). Er leitet uns also mit seiner Systemtheorie dazu an, die Realitätsverdopplung, welche durch die Medien entstehen zu beobachten und zu fragen, welche Realität daraus steht.

In der von ihm begründeten Systemtheorie entwickelte er einen systemtheoretischen Ansatz der Kommunikationsforschung und lieferte das Werkzeug der binären Codes zur Untersuchung von gesellschaftlichen Systemen (Luhmann 1981, 1984).

Luhmann (1981) stellt Kommunikation nicht als einen Prozess dar, wie in den meisten Kommunikationsmodellen aufgeführt, die in der Regel die Beziehung zweier Systeme (Sender-Empfänger, Kommunikator-Rezipient) darstellen. Analog zu seiner Systemtheorie entwickelt er ein Modell, welches Kommunikation als eigenes, abgeschlossenes und autopoetisches System sieht (Luhmann 1981 zitiert nach Faßler 1997, S. 66 f.). Mit Hilfe der Systemtheorie wird das Kausaldenken (Ursache-Wirkung) in der Kommunikation durch ein neues, funktionales Denken erweitert (Burkart und Hömberg 2012, S. 15). Nach Luhmann ist Kommunikation eine konstituierende Einheit, die soziale Systeme erhält. Nach der Systemtheorie reproduzieren sich die sozialen Systeme durch Kommunikation. Das System der Massenmedien ist durch Kommunikation selbsterhaltend und folgt dem aus der Biologie stammendem Prinzip der **Autopoiesis**. Autopoetische Systeme organisieren sich selbst und können von außen gesteuerte Einflüsse minimieren. Demnach dient die Kommunikation der Komplexitätsreduktion und führt zu einer gemeinsamen Aktualisierung von Sinn. Übertragen auf die sozialen Medien, kann das Prinzip der Autopoiesis bedeuten, dass Kommunikationssysteme ihre eigenen Regeln und Codes entwickeln, sich selbst organisieren und von außen gesteuerte Einflüsse minimieren. Demnach wird die Konstruktion von Realität von den Benutzern aktiv mitgestaltet und die Dynamik der sozialen Medien von den Nutzern selbst maßgeblich geprägt. Folgt man Luhmann bedeutet dies folglich auch, dass die sozialen Medien die Realität nicht nur verzerren, sondern diese erzeugen.

Nach dem systemtheoretischen Ansatz betrachtet Niklas Luhmann Kommunikation als **Selektion**:
„Kommunikation greift aus dem je aktuellen Verweisungshorizont, den sie selbst erst konstituiert, etwas heraus und lässt anderes beiseite. Kommunikation ist Prozessieren von Selektion" (Luhmann 1984, S. 194). Mit der Ausweitung der massenmedialen Kommunikationsinstrumente, wie beispielsweise die Verbreitung der sozialen Medien, gewinnen diese Selektionsinstanzen wieder an Bedeutung. In den sozialen Medien hat sich zudem die Kommunikation beschleunigt und potenziert und wir können eine Vermehrung der Beobachtung zweiter Ordnung feststellen, also einer Beschreibung der Welt, welche vor allen Dingen über die Massenmedien stattfindet. Kommunikation als Selektion bedeutet übertragen auf die sozialen Medien, dass Nutzer aktiv entscheiden, welche Informationen sie teilen, welche sie ignorieren und welche sie weiterverbreiten. Die Viralität von Inhalten in sozialen Medien kann als eine Form der Informationsselektion betrachtet werden. Wie in Kap. 2 beschrieben sind diese selektiven Eigenschaften von Kommunikation in den sozialen Medien zentral. Mit dem Konzept der Selektion geht Luhmann weiter davon aus, dass das System Massenmedien mit den Codierungen Information und Nichtinformation operiert, um die Komplexität zu reduzieren und eine Selektion zu ermöglichen (Luhmann, 2017, S. 28). In den sozialen Medien entscheiden die Algorithmen und das Kommunikations- und Interaktionsverhalten der Nutzer, welche Informationen relevant sind und welche nicht.

Zudem besteht nach Luhmann (1984) der Kommunikationsprozess selbst aus drei eigenständigen Selektionen (Luhmann 1984, S. 193 ff.):

Information: ‚Neues' im Sinne einer von außen kommenden Nachricht. Informationen werden aus einem Repertoire von Möglichkeiten selektiert. Der Sender wählt aus der potenziell nahezu unendlichen Vielzahl von möglichen Informationen aus. Mit der getroffenen Selektion erzeugt er eine Differenz zwischen relevanter und nicht relevanter Information. Durch die Selektion

4.3 Systemtheorie von Niklas Luhmann

entsteht ein Informationsdefizit und es wird in der Kommunikation zwischen Information und Nicht-Information unterschieden.

Mitteilen: Mitteilen erfolgt über die zur Verfügung stehenden Kanäle. Hier wählen die Sender aus, wie (mit welchem Medium und mit welchen Begriffen) der selektierte Inhalt mitteilt werden will.

Verstehen: Einfügung des Mitgeteilten in den Sinn-Rahmen. Empfänger wählen ebenfalls aus und interpretiert den Inhalt. Durch das Zusammenspiel der ersten beiden Selektionen entsteht idealerweise Verstehen als Resultat.
Nach Luhmanns Kommunikationstheorie ist eine gelingende Kommunikation jedoch sehr unwahrscheinlich: „Kommunikation ist unwahrscheinlich. Sie ist unwahrscheinlich, obwohl wir sie jeden Tag erleben, praktizieren und ohne sie nicht leben würden" (c).

Niklas Luhmann fasst Kommunikation dabei generell eher als Problem auf. Um dem Phänomen Kommunikation näher zu kommen, gilt es seiner Meinung nach, die Rahmenbedingungen und Hindernisse aufzuzeigen und so fragt er: „wie Kommunikation überhaupt möglich" ist (Jahraus 2001, S. 78. Aufsätze und Reden von Luhmann).

In seiner Theorie gibt es in der Kommunikation zwei soziale Positionen: Alter und Ego. Als Ego erlebt die Person Kommunikation, als Alter handelt sie durch Kommunikation, dabei verläuft die Kommunikation stets von „Alter" zu „Ego".

Luhmann (1981) unterscheidet bei dem Kommunikationsvorgang zwischen Alter und Ego drei Unwahrscheinlichkeiten (Luhmann 1981, S. 218 ff.). Diese drei Unwahrscheinlichkeiten werden durch die angestrebte wechselseitige Interaktion im Rahmen von Kommunikation in den sozialen Medien noch zusätzlich gesteigert.

Verstehen: Es ist sehr unwahrscheinlich, dass das „Ego" eine Nachricht genauso entschlüsselt, wie sie von Alter mitgeteilt wurde, da sich das „Ego" in der Regel einem anderen Kontext befindet, jedoch „Sinn nur kontextgebunden verstanden werden kann" (Jahraus 2001, S. 78 zitiert nach Luhmann 1981). Die Nutzer müssen aus dieser Menge von Inhalten auswählen, welche sie teilen, kommentieren oder ignorieren wollen.

Die Unwahrscheinlichkeit der Selektion bedeutet, dass es Herausforderungen gibt, relevante Informationen auszuwählen und dass diese Auswahl von verschiedenen Faktoren beeinflusst wird, einschließlich persönlicher Präferenzen, Trends und Algorithmen der Plattform. In sozialen Medien, in denen Menschen unterschiedliche Hintergründe und Perspektiven haben, kann dies zu Missverständnissen führen. Die Betonung auf kontextgebundenem Verstehen weist darauf hin, wie wichtig es ist, den Kontext zu berücksichtigen und klare Kommunikation zu fördern.

Erreichen: Es ist unwahrscheinlich, dass Kommunikation den Kreis der unmittelbar Anwesenden überschreitet. Kommunikation erreicht nur die in der Kommunikationssituation anwesenden Personen. In sozialen Medien kann dies bedeuten, dass Informationen möglicherweise nur bestimmte Gruppen erreichen, abhängig von Algorithmen, Interessen und sozialen Netzwerken. Es betont auch die Notwendigkeit von Strategien, um sicherzustellen, dass wichtige Informationen eine breitere Zielgruppe erreichen.

Erfolg: Es ist unwahrscheinlich, dass das „Ego" den Kommunikationsinhalt als Prämisse für sein eigenes Handeln, Erleben und Denken übernimmt. Die Unwahrscheinlichkeit, dass das „Ego" den Kommunikationsinhalt als Prämisse für sein eigenes Handeln übernimmt, verweist auf die Herausforderungen, Überzeugungen und Ideen erfolgreich zu vermitteln. In sozialen Medien, wo verschiedene Meinungen und Perspektiven aufeinandertreffen, kann der Erfolg einer Kommunikation davon abhängen, wie gut sie auf die Werte und Überzeugungen der Zielgruppe abgestimmt ist.

> **Zusammenfassung**
> Die soziologischen Kommunikationstheorien liefern auch hilfreiche Interpretationsansätze und so kann mit Anwendung der Theorie des symbolischen Interaktionismus auf die Kommunikation in den sozialen Medien gezeigt werden, wie Bedeutung erst aus dem interaktiven Kommunikationsprozess entsteht. Medieninhalte und deren Bedeutung,

bspw. in Form von Content in den sozialen Medien werden von den Nutzern aktiv mitgestaltet und interpretiert.

In der „Theorie des kommunikativen Handels" ist das Ziel von Kommunikation Verständigung. Durch die Digitalisierung und den neuen Strukturwandel der Öffentlichkeit sieht Habermas jedoch eine verständigungsorientierte Kommunikation eher für unwahrscheinlich, da diese für strategische Kommunikationszwecke genutzt werden und für Desinformation.

Niklas Luhmann fasst Kommunikation generell eher als Problem auf, welches drei Unwahrscheinlichkeiten gelingender Kommunikation beinhaltet, welche sich in der Kommunikation in den sozialen Medien noch verstärken. Die Unwahrscheinlichkeit der Selektion, also relevante Inhalte auszuwählen, stellt die Nutzer in den sozialen Medien vor eine noch größere Herausforderung. Mit der ständig wachsenden Menge an verfügbaren Informationen und Inhalten wird es für die Nutzer immer schwieriger, diejenigen auszuwählen, die für sie wirklich relevant und interessant sind. Die Unwahrscheinlichkeit der Selektion wird durch die Algorithmen in den sozialen Medien noch verstäkt, da bestimmte Inhalte priorisiert werden.

Auch eine erfolgreiche Kommunikation wird in den sozialen Medien unwahrscheinlicher, da dort eine Vielzahl verschiedener Meinungen und Perspektiven aufeinandertreffen. Eine erfolgreiche Kommunikation hängt oft davon ab, wie gut sie auf die Bedürfnisse, Interessen und Überzeugungen der Zielgruppe abgestimmt ist.

Literatur

Blumer, H. (1973). Der methodologische Standort des symbolischen Interaktionismus. In: Arbeitsgruppe Bielefelder Soziologen (Hrsg.), Alltagswissen, Interaktion und gesellschaftliche Wirklichkeit, Bd. 1, Rowohlt, Reinbek.

Burkart, R. (2002) Kommunikationswissenschaft. Wien. Böhlau Verlag.
Burkart, R. (2003) Kommunikationstheorien. In: Bentele, G./Brosius, H.-B./ Jarren, O. (Hrsg.): Öffentliche Kommunikation. Westdeutscher Verlag., S. 169–192).
Burkart, R./Hömberg, W. (Hrsg.). (2012). Kommunikationstheorien. Ein Textbuch zur Einführung. 6. Auflage. new academic press. Wien.
Der Spiegel (2021a): Jetzt sagt die Facebook-Whistleblowerin aus. https://www.spiegel.de/netzwelt/frances-haugen-facebook-whistleblowerin-tritt-im-us-kongress-auf-a-71dc76b0-df45-4c72-b99f-3af45db33a28, Abgerufen am: 1.12.2021.
Der Spiegel (2021b): Nobelpreisträgerin Ressa nennt Facebook Gefahr für Demokratie. https://www.spiegel.de/netzwelt/netzpolitik/maria-ressa-friedensnobelpreis-traegerin-nennt-facebook-gefahr-fuer-demokratie-a-b1dad5a6-c64f-41b0-b818-5fd01c2c19cc, Abgerufen am: 1.12.2021.
Goffman, E. (2003). Wir alle spielen Theater: Die Selbstdarstellung im Alltag. Piper Verlag.
Habermas, J. (1976). Was heißt Universalpragmatik? In: Apel, K. O.: Sprachpragmatik und Philosophie, Frankfurt/M.
Habermas, J. (1981). Theorie des kommunikativen Handelns. Suhrkamp Verlag.
Habermas, J. (1995). Theorie des kommunikativen Handelns. Suhrkamp Verlag.
Habermas, J. (2009). Diskursethik. Frankfurt a. M.: Suhrkamp (= Philosophische Texte 3).
Habermas, J. (2022). Ein neuer Strukturwandel der Öffentlichkeit und die deliberative Politik. Suhrkamp Verlag.
Inside (2021): Darum fördern Facebooks Algorithmen Spaltung und Hass. https://www.inside-it.ch/de/post/darum-foerdern-facebooks-algorithmen-spaltung-und-hass-20211008, Abgerufen am: 1.12.2021
Jahraus, O. (2001). Niklas Luhmann: Aufsätze und Reden. Reclam Verlag. Stuttgart.
Luhmann, N. (2017). Die Realität der Massenmedien. Springer Fachmedien Wiesbaden (5. Auflage).
Luhmann, N. (1984). Soziale Systeme. Grundriss einer allgemeinen Theorie. Frankfurt a. M.: Suhrkamp.
Luhmann, N. (1981). Soziologische Aufklärung 3: Soziale Systeme, Gesellschaft, Organisation. Opladen: Westdeutscher Verlag.
Mau, S./Lux, T./Westheuser, L. (2023). Triggerpunkte. Konsens und Konflikt in der Gegenwartsgesellschaft. Suhrkamp Verlag.
Mead, G. H. (1973). Geist, Identität und Gesellschaft. Frankfurt/M.
Russ-Mohl, S. (2017). Die informierte Gesellschaft und ihre Feinde. Herbert von Halem Verlag.
Scheufele, B. (2014). Kommunikation und Medien: Grundbegriffe, Theorien und Konzepte. In: Zerfaß, A./Piwinger, M. (Hrsg.): Handbuch Unternehmenskommunikation. Springer Gabler.

5 Medienpsychologische Modelle der computervermittelten Kommunikation

In diesem Kapitel werden wir uns einige medienpsychologische Modelle und Ansätze hinsichtlich ihrer Aussagekraft für die Kommunikation in den sozialen Medien anschauen.

Ein wichtiges Problem- und Anwendungsfeld der Medienpsychologie stellt die Erforschung Computervermittelter Kommunikation (CvK) dar. Diese medienpsychologischen Modelle untersuchen, wie wir im Gegensatz zur Face-Face-Kommunikation in der CvK, beispielsweise über soziale Netzwerkseiten und in den sozialen Medien kommunizieren. Diesen Forschungen liegt somit ein Unterschiedsparadigma zugrunde (Trepte und Reinecke 2019, S. 160–163). Unter Computervermittelter Kommunikation wird „der zwischen zwei oder mehr Personen stattfindende, interaktive Prozess des Erstellens, Austauschens und Empfangens von Informationen mithilfe von Computern" (Trepte und Reinecke 2019, S. 161) verstanden.

Theoretische Grundlagen für die Computervermittelte Kommunikation (CvK) liefern nach Reips (2006, S. 557) unter anderem die folgenden Theorien:

Die **Theorie der sozialen Identität** (Tajfel und Turner 1986) geht davon aus, dass die Identität eines Individuums sich aus einer personalen Identität (Kern) und aus verschiedenen sozialen Identitäten zusammensetzen. Je nach Kontext wird eine unterschiedliche Zusammensetzung dieser Anteile der Identität aktiviert.

Diese Theorie bietet eine theoretische Grundlage für das Verständnis, warum Menschen in sozialen Medien bestimmte Verhaltensweisen zeigen. Identitätskonstruktionen entstehen nach diesem Ansatz aus Zusammenspiel der personalen Identität und der sozialen Identität, wobei die personale Identität in Abhängigkeit der sozialen Identität gebildet wird, die sich in den sozialen Medien beispielsweise durch die Zugehörigkeit zu bestimmten sozialen Gruppen auszeichnen kann. Eine öffentlich kommunizierte und bekennende Mitgliedschaft zu einer virtuellen Gruppenzugehörigkeit kann demnach auch zur eigenen, personalen Identitätsbildung beitragen. Dieses Modell wird in Abschn. 5.2 ausführlicher betrachtet.

Die folgenden Theorien finden vorwiegen in neuen Online-Kommunikationsszenarien, wie bspw. bei Social-Media-Anwendung statt und basieren auf einem medienökonomischen Rahmenmodell, welches in Abb. 5.1 systematisch dargestellt ist.

Nach diesem medienökologischen Rahmenmodell lässt sich CvK theoretisch in drei Bereiche unterteilen (Döring 2013, S. 424):
Zu den **Theorien zur Medienwahl** gehört das Modell der *rationalen* Medienwahl (Media Richness Theory), das Modell der *normativen* Medienwahl und das Modell der *interpersonalen*

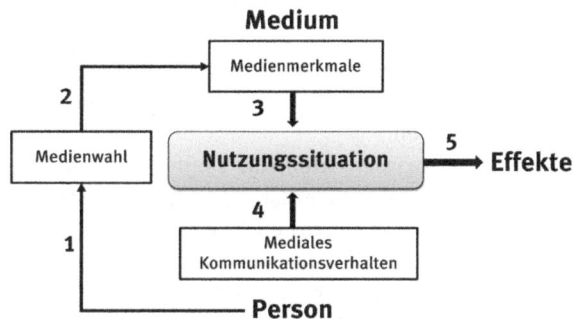

Abb. 5.1 Medienökologisches Rahmenmodell. (Quelle: Döhring 2013, S. 424)

Medienwahl. Diese Modelle betrachten jeweils unterschiedliche Kriterien, nach denen eine Medienwahl getroffen wird.

Die Theorien zur rationalen Medienwahl (Short et al. 1976) weist auf die rationale Medienwahl hin und geht davon aus, dass die CvK für bestimmte Kommunikationssituationen bereichernder ist als andere. Diese Theorien und Modelle liefern Erklärungen für die Medienwahl, d. h. aus welchen Motiven entscheiden sich die Rezipienten für welches Medium, um ihre Ziel bestmöglich zu erreichen. Die Media Richness Theory gehört zu den Modellen der rationalen Medienwahl und geht davon aus, dass die Nutzer Medien nach den Leistungen und Fähigkeiten beurteilen und entsprechend die effektivsten Medien auswählen, um an das gewünschte Ziel zu kommen.

Bei der Theorie der normativen Medienwahl werden soziale Normen und Erwartungen bei der Auswahl des richtigen Kommunikationsmediums berücksichtigt, bspw. die Auswahl den Normen angemessener Kommunikation mit Vorgesetzten oder Institutionen.

Bei den Theorien der interpersonalen Medienwahl werden hingegen bspw. die Beziehungen zwischen den Kommunikationspartnern bei der Medienwahl berücksichtigt.

Theorien zu Medienmerkmalen: Zu den Theorien der Medienmerkmale gehören beispielsweise das Kanalreduktionsmodell (Social-Cues-Filteres-Out-Hypothese) und das Filter-Modell (Kiesler et al. 1984). Diese Theorien und Modelle liefern Beschreibungen darüber, welche Wirkung von den Medien selbst ausgehen. Diesem Ansatz liegt auch Annahme reduzierter Hinweisreize zugrunde: Diese Defizitannahme geht davon aus, dass bei CvK weniger Hinweisreize zur Verfügung stehen. Beispielsweise kann bei einer Chat-Kommunikation der Kommunikationspartner nicht gesehen oder gesprochen werden, wodurch eine Verarmung der Kommunikation stattfindet und Emotionalität und Authentizität verloren geht. Dadurch gehen in der virtuellen Kommunikation vor allen Dingen im Vergleich zur Face-to-Face-Kommunikation wichtige Hinweisreize verloren. Einer erfolgreichen Kommunikation sollten nach diesem Modell viele Hinweisreize zur Verfügung stehen (Walther 2011). Das Filter-Modell hingegen legt den Fokus auf die konkrete Bedeutung der übermittelten Informationen. Dieses Modell geht davon aus, dass gerade bei einer textbasierten Kommunikation soziale Hinweise, wie etwa Angaben zu Geschlecht, Alter etc. (social cues) herausgefiltert werden. Das kann dann zu positiven Folgen führen, wie bspw. zu einem Abbau von Machtasymmetrien oder auch zu negativen Folgen, wie zu einer Enthemmung und Feindseligkeit in der Kommunikation. Beide unterschiedlichen Folgen lassen sich in der Kommunikation in den sozialen Medien beobachten.

Die beschriebenen Modelle lassen sich den medienpsychologischen Vorläufermodelle der CvK zuordnen und sind nach wie vor in der Forschung relevant, da Erkenntnisse daraus in neuere Modelle integriert werden konnten. Der aktuelle medienpsychologische Forschungsfokus in der CvK richtet sich jedoch auf andere Schwerpunkte und wird in den beiden folgenden Modellen dargestellt, die in der aktuellen Forschung von besonderer Bedeutung sind: Das Hyperpersonal Modell (HPM) und das Social Identity Model of De-Individuation, welches auch kurz als SIDE-Modell bezeichnet wird (Trepte und Reinicke 2019, S. 167).

Mit diesen Modellen werden wir uns nun auseinandersetzen und überlegen, welche Erkenntnisse sich daraus für die Kommunikation in den sozialen Medien ableiten lassen.

5.1 Hyperpersonal Model

Das Hyperpersonal Modell (HPM) untersucht die Kommunikationswirkung auf die Identität der beteiligten Personen in der CvK und ist eine Weiterentwicklung des Kanalreduktionsmodels und sieht in der CvK ebenfalls einen positiven Effekt. Das HPM besteht nach Walther (1992, 1996, 2011) aus den folgenden Komponenten:

- **Sender und selektive Selbstdarstellung**
  Nach dem HPM läuft die CvK ohne die physische Präsenz der Kommunikationsteilnehmer ab. Der Kommunikationspartner ist also in der Kommunikationssituation selbst nicht unbedingt physisch anwesend. Beispielsweise beim Lesen

und Posten von Chatnachrichten muss das Gegenüber der Kommunikation nicht zwingen physisch präsent sein, damit eine Kommunikation stattfinden kann, sondern diese kann auch zeitversetzt erfolgen. Diese Form der physischen Nichtexistenz und das Ausblenden der sozialen Hinweisreize (riechen, schmecken, Aussehen) hat den Vorteil, eines großen Einflusses auf die Selbstdarstellung. Als Sender ist es möglich, sich selektiv darzustellen und nur bestimmte Informationen zu kommunizieren, was bei der Face-to-face-Kommunikation nicht möglich ist.

In einer weiterführenden Studie von High und Caplan (2009) wurde zudem festgestellt, dass dadurch die Ängstlichkeit in der CvK abnimmt. Dies könnte eine Erklärung sein, dass die Kommunikation in den sozialen Medien teilweise sehr viel enthemmter und verletzender ist als wir es in Face-to-Face-Kommunikation in bestimmten Situationen erleben.

- **Empfänger und Idealisierung der Botschaft**
  CvK eignet sich besonders gut, um eine gute Selbstdarstellung zu erzeugen. Das Modell geht zudem davon aus, dass bei der CvK auch die Kommunikationsinhalte des Gegenübers auf eine idealisierte Art und Weise wahrgenommen werden und positiver interpretiert werden.
- **Management des Kommunikationskanals**
  Das HPM wurde für die asynchrone CvK entwickelt und sieht in der zeitlichen Verzögerung des Austausches von Kommunikationsinhalten den Vorteil, sich besser selbstdarstellen zu können.
- **Feedback**
  Dieser Prozess der gegenseitigen Selbstdarstellungen wird durch das jeweilige Feedback der Kommunikationsteilnehmer der CvK noch zusätzlich verstärkt. Dies wird als hyperpersönlicher Effekt bezeichnet. Die Studie von Walther (2011) konnte zudem herausfinden, dass die CvK vorwiegend für das positive Identitätsmanagement genutzt wird, also um sich positiv darzustellen.

Das HPM wird vor allem deswegen kritisiert, da es die neuen technologischen Entwicklungen zu wenig berücksichtigt und somit das daraus entstehende neue Kommunikationsverhalten nicht erklären kann. Das Modell ist auf asynchrone Kommunikation beschränkt und berücksichtigt neue Kommunikationsformen der CvK, wie bspw. Skype zu wenig. Diese Form der CvK ist synchron und vermittelt auch ein reales Bild des Gegenübers, und kommt deshalb der Face-to-Face-Kommunikation sehr nahe, auch wenn sie computervermittelt ist. Für die Kommunikation in den sozialen Medien ist dieses Modell jedoch sehr aussagekräftig und es beschreibt die relevanten medienpsychologischen Aspekte sehr anschaulich.

Mithilfe des Hyperpersonal-Modells kann besser nachvollzogen werden, wie die Nutzer in den sozialen Medien miteinander kommunizieren und versuchen, dort ihre Präsenz durch eine selektive und optimierte Darstellung ihres, eigenen Selbst zu optimieren. Dies kann durch die Verwendung von Profilbildern, Biografien, Statusaktualisierungen und anderen Funktionen erreicht werden, die soziale Medien anbieten (Hancock und Toma 2009).

5.2 Social Identity Model of Deindividuation oder SIDE-Model

Das SIDE-Model richtet seinen Fokus auf zwei Aspekte der CvK und fragt danach, wie die soziale und personale Identität das Handeln der Individuen prägt. Nach dem SIDE-Model haben die **soziale Identität und die Deindividuation** den größten Einfluss auf die CvK. **Deindividuation** meint, dass die individuellen Identitätsanteile zugunsten der gruppenbezogenen Anteile in den Hintergrund treten. Die Vorstellung, dass menschliches Verhalten von der sozialen Zugehörigkeit geprägt ist, stammt ursprünglich von der **Theorie der sozialen Identität**. Nach dieser Theorie hat ein Individuum verschiedene Identitätsanteile: die soziale und personale Identität. Das Handeln basiert auf einer sozialen Identität und ist durch die Zugehörigkeiten zu einer bestimmten Gruppe, wie bspw. Geschlecht, Nation) geprägt. Das Verhalten kann auch durch die personale Identität bestimmt sein und wird dann durch die persönlichen Eigenschaften der Person geprägt. Je nachdem wie ausgeprägt (salient) die jeweiligen Anteile der sozialen und personalen Identität sind, hat es einen Einfluss auf das Kommunikationsverhalten. Anonyme Kommunikation kann solche Verhaltenstendenzen verstärken, die aus der Salienz beider Identitätsanteile resultiert (Reicher et al. 1995; Spears und Lea 1994 zitiert nach Trepte und Reinecke 2019, S. 172).

Die Deindividuation basiert auf der **Selbstkategorisierungstheorie** nach Turner und Onorato (1999). Diese Theorie betrachtet die Übergänge zwischen den beiden Identitätsanteilen als fließend. Die Kritik am SIDE-Modell bezieht sich auch auf die ausschließliche Anwendung auf die asynchrone CvK (Trepte und Reinecke 2019, S. 172).

Dieses Modell lässt sich jedoch ebenfalls sehr gut auf die sozialen Medien anwenden, da wir hier unterschiedliche soziale Formationen vorfinden. Diese können Mitgliedschaften mit Bezügen zur realen Welt sein oder aber auch rein virtuelle Gruppen. Gruppenmitgliedschaften haben eine Auswirkung auf die Identitätsbildung (Kneidinger-Müller 2017, S. 66).

Gerade in den sozialen Medien stellt sich die Frage, inwiefern das kommunikative Verhalten des einzelnen Individuums von der Gruppe bestimmt ist und quasi in der Gruppe aufgeht, wenn sich die Kommunikation beispielsweise sehr anonym gestaltet. Die Anonymität und Identifizierbarkeit von Nutzern hat demnach einen Einfluss auf das Verhalten von Gruppen. Beispielsweise kann Anonymität zu einem aggressiveren Verhalten führen. Zudem lassen sich durch die Theorie der sozialen Identität auch Aussagen über die Identifikation mit Gruppen ableiten. Demnach identifizieren Menschen stärker mit einer Gruppe, wenn sie die Werte der Gruppe teilen. Nach dem SIDE-Modell kann Deindividuation auch dazu führen, dass sich Menschen den Normen und Erwartungen der Gruppe anpassen, selbst wenn diese im Widerspruch zu ihren individuellen Werten stehen.

Dieser Zusammenhang konnte beispielsweise durch die Studie von Lee et al. (2014) aufgezeigt werden. Diese Studie kam zu dem Ergebnis, dass die Identifikation mit einer Gruppe in den sozialen Medien höher ist, wenn die Teilnehmer der Gruppe auch die gleichen Werte teilen.

Grundsätzlich lässt sich feststellen, dass die personale Identität in Abhängigkeit von einer sozialen Identität gebildet wird, zudem formen jedoch immer auch eine Vielzahl an Individuen mit ihrer personalen Identität den Charakter einer Gruppe mit. Dieser Ansatz lässt sich direkt auf die sozialen Medien anwenden, Auch dort finden wir soziale Formationen vor, in denen sich Individuen dem Charakter einer Gruppe in den sozialen Medien anschließen und anpassen. Teilweise überschneiden sich dort Mitgliedschaften in der der realen und virtuellen Welt, wie beispielsweise in Vereinen, NGO's oder Parteien, jedoch können auch reine Zugehörigkeiten zu virtuellen Gruppen in den sozialen Medien beobachtet werden, bei denen es keine Überschneidungen zu realen Gruppen gibt (Kneidiger-Müller 2017, S. 66).

Durch die technologische Entwicklung und die zunehmende Bedeutung der sozialen Online-Kommunikation ist dieser Bereich auch in der CvK zentraler Untersuchungsgegenstand geworden. In der Kommunikation in den sozialen Netzwerken sind aus medienpsychologischer Sicht vor allem Prozesse der *Selbstoffenbarung, Selbstdarstellung* und das *Entstehen und des Verlaufs sozialer Beziehungen von großem Interesse.*

Die medienpsychologischen Studien analysieren die Prozesse der Selbstoffenbarung, Selbstdarstellung und der sozialen Beziehungen in der Online-Kommunikation im Internet und in internetbasierten sozialen Netzwerken. Drei spezifische Nutzungsverhalten im Internet werden in den nächsten Abschnitten differenzierter dargestellt: die Selbstoffenbarung, die Selbstdarstellung und die Entwicklung sozialer Beziehungen sowie die Theorie der kognitiven Dissonanz und der Theorie des sozialen Vergleichs von Festinger. Darauf werden wir im folgenden Kapitel näher eingehen.

5.3 Selbstoffenbarung und Selbstdarstellung

In den sozialen Medien können wir Phänomene der Selbstdarstellung und Selbstoffenbarung feststellen. Selbstoffenbarung heißt, Informationen über sich selbst preiszugeben, die der Öffentlichkeit nicht bekannt sind. In einer Studie von Berg und Derlega (1987) zur Selbstoffenbarung wurde festgestellt, dass

5.3 Selbstoffenbarung und Selbstdarstellung

sich die Bereitschaft zur Selbstoffenbarung in einem reziproken Prozess gegenseitig verstärkt. Das heißt, die eigene Fähigkeit zur Selbstoffenbarung erhöht auch die Bereitschaft zur Selbstoffenbarung des Gegenübers. Es ist somit ein sehr dynamischer und sich gegenseitig beeinflussender kommunikativer Prozess.

Wie auch bei anderen Kommunikationsmodellen der CvK setzen sich Studien im Rahmen der CvK häufig mit der Frage auseinander, inwiefern sich die CvK von der Face-face-Kommunikation unterscheidet. In Forschungsfeldern der CvK ist somit die Vergleichsgröße in der Regel die Face-face-Kommunikation. Bezogen auf die Selbstoffenbarung lautet eine mögliche Forschungsfrage dann wie folgt: „Unterscheidet sich das Ausmaß der Selbstoffenbarung in der CvK und in der Face-to-face-Kommunikation?" Es wurde von Tidwell und Walther (2002) festgestellt, dass User in der CvK mehr von sich offenbaren als in einer Face-to-Face-Situation, wenn sie direkt mit einem Gegenüber in Kontakt sind.

Somit lässt sich feststellen und aus den Studien ableiten, dass auch in der Kommunikation in den sozialen Medien, Selbstoffenbarung zu mehr und intensiveren Kontakten führt. Auch in der realen Kommunikation wird aus sozialpsychologischer Sicht die Selbstoffenbarung als wichtige Voraussetzung für die Beziehungspflege und die eigene Gesundheit gesehen.

Ein weit verbreitetes Phänomen in der Online-Kommunikation und in der Kommunikation in den sozialen Netzwerken im Internet ist die Selbstdarstellung (Impression Management). Die Selbstdarstellung ist eine sozialpsychologische Verhaltensweise mit der Funktion, ein Feedback und eine Reflexion Anderer über sich selbst zu bekommen.

Das Web 2.0 ist generell von einem aktiven Nutzerverhalten geprägt. Die Nutzer sind Prosumenten, Konsumenten und Produzenten zugleich und stellen der Community selbstproduziertes Material, also nutzergenerierte Inhalte zur Verfügung. Das Motiv des Nutzerverhaltens ist es, sich selbst darzustellen und ein Feedback anderer zu bekommen. In diesem Forschungsfeld wird der Frage nachgegangen, wie diese Selbstdarstellung im Netz genau abläuft und wie sie sich von der Face-to-Face-Kommunikation unterscheidet.

Eine aktuelle Studie wie bspw. von Jung-Ah und Yongjun (2016) untersuchte den Zusammenhang von narzisstischen Persönlichkeiten und deren Nutzungsverhalten bezüglich Selbstporträts, den sogenannten Selfies. Die Forscher fanden heraus, dass sich die Probanden zwar für andere Selbstdarstellungen interessierten, sich jedoch eher in einem passiven Nutzungsverhalten mit anderen Selbstdarstellungen auseinandersetzen. Die sozialen Medien befördern diese Bereitschaft zur Selbstoffenbarung und Selbstinszenierung und stimulieren die Nutzer, Informationen, Haltungen und Neigungen von sich preis zu geben. Dies führt zu einer Auflösung der Privatsphäre und einer Tyrannei der Intimität (Schneider 2013, S. 44–45).

5.4 Soziale Beziehungen in den sozialen Medien

Soziale Beziehungen in den sozialen Medien sind medienpsychologisch sehr interessant. In Studien (Miyata und Kobayashi 2008; Neustadtl und Robinson 2002) wird derzeit die Beziehungsanbahnung untersucht und den resultierenden Ertrag der Beziehungspflege. Auch in diesem Feld geht es um die Frage, ob es Unterschiede zur Face-to-face-Kommunikation gibt. Ist es den Nutzern in der CvK möglich Freundschaften zu pflegen. In diesen Studien (Miyata und Kobayashi 2008; Neustadtl und Robinson 2002) wurde festgestellt, dass sich über die Online-Kommunikation eher Freundschaften knüpfen lassen, wenn auch Offline ein Kontakt zueinander besteht. Nach dem „rich-get-richer-Effekt" (Miyata und Kobayashi 2008; Neustadtl und Robinson 2002) haben Menschen mit einem intensiven und verbreiteten Beziehungsnetzes in der realen Welt auch eines in der virtuellen Welt. Die Online-Beziehungen sind jedoch in der Regel eher von oberflächlicher Natur.

5.5 Theorie der kognitiven Dissonanz

Nach der Theorie der kognitiven Dissonanz von Festinger (1957) versuchen wir alle, ein konstantes Bild der Wirklichkeit zu konstruieren. Individuen neigen gemäß der Theorie dazu, möglichst eine Konsonanz zwischen ihren Einstellungen und ihrem Verhalten zu erreichen. Weiter geht die Theorie davon aus, dass Menschen ihre eigenen Kognitionen, also was sie denken und wahrnehmen möglichst auf eine spannungsfreie Weise tun wollen. Angewandt auf Kommunikationssituationen führt es dazu, dass irritierende Kommunikationssituationen, die nicht im Einklang mit unserer Einstellung und Wahrnehmung der Welt stehen, negative Spannungszustände auslösen (kognitive Dissonanz) und vermieden werden. Menschen versuchen also, derartige Spannungszustände zu vermeiden. Dies kann beispielsweise durch eine selektive Wahrnehmung von Informationen geschehen (Frindte 2002, S. 78–79).

Folgende Grundannahmen liegen der Theorie der kognitiven Dissonanz zugrunde (Frindte 2002, S. 78–79): Wir Menschen haben ein Bedürfnis, unsere Meinungen und Fähigkeiten zu bewerten und zu vergleichen. Sind „objektiv", nicht-soziale Bewertungsstandards nicht vorhanden oder nicht erreichbar, dann suchen wir soziale Vergleiche mit anderen Personen. Gelingt es uns weder physikalische oder soziale Vergleichsmöglichkeiten zu finden, so führt das zur Verunsicherung, die wir zu vermeiden suchen. Vergleiche mit anderen Personen finden dann statt, wenn uns die anderen ähnlich (hinsichtlich sozialer Herkunft, Einstellungen, Fähigkeiten, Alter) sind. Stellen wir fest, dass es Diskrepanzen zwischen unseren Meinungen und den Meinungen der anderen gibt, erleben wir das als psychischen Druck. Je attraktiver und wichtiger andere Personen für uns sind, mit denen wir uns vergleichen, umso eher versuchen wir, uns den Urteilen und Verhaltensweisen dieser Person anzupassen.

Es bestehen verschiedene Möglichkeiten, auf kognitive Dissonanzen in der Kommunikation zu reagieren (Frindte 2002, S. 78–79): Die bislang vertretene Einstellung wird verändert. Es kann aber auch die erhaltene Mitteilung ignoriert werden.

Zudem kann nach zusätzlichen Hinweisen gesucht werden, welche die bislang vertretene Einstellung stabilisieren. Kognitive Dissonanzen kann sich auch darin ausdrücken, dass deskriptive Mitteilungen als irrelevante Informationen eingestuft werden oder auch der aktuelle Kommunikationsprozess als insgesamt unwichtig angesehen wird. Zudem wird aktiv nach sozialer Unterstützung für die eigene Meinung gesucht. Dies kann dann beispielsweise auch dazu führen, dass in der Kommunikation in den sozialen Medien, bestimmte Foren, Blogs und Gruppen aufgesucht werden, welche bestehende Haltungen und Meinungen bestärken und dadurch keine kognitiven Spannungen auslösen. In Kommunikationssituationen sollten wir uns bewusst sein, dass wir in der Wahrnehmung der Kommunikationssituation sowie in der Wahrnehmung der anderen Kommunikationsteilnehmer immer versuchen, mögliche Dissonanzen auszugleichen. Wir suchen jedoch auch Kommunikationssituationen auf, um uns über unsere Meinung und Einstellung zu vergewissern und diese abzugleichen (Friendte 2002, S. 75). Darüber hinaus dient die Theorie der kognitiven Dissonanz auch als Erklärungsmodell für die nur schwach feststellbare Einstellungsänderung durch den Einfluss von Medien.

Nach der Theorie der kognitiven Dissonanz findet also eine selektive Informationszuwendung statt, welche zudem noch durch die neuen Medienanwendungen im Web 2.0 befördert werden, da die Informationsquellen im Internet in viele verschiedenen Glaubensrichtungen und Verhaltensweisen fragmentiert sind (Elasmar 2018, S. 34). In den sozialen Medien werden dieses Phänome durch die Algorithmen noch verstärkt, da bereits im Vorfeld der eigentlichen nutzerseitigen Selektion und Rezeption konsonante Inhalte von den Algorithmen bevorzugt werden. Somit ist die Wahrscheinlichkeit in den sozialen Medien größer, Inhalten und Informationen angeboten zu bekommen, welche eher den eigenen Überzeugungen entsprechen und keine Irritationen auslösen. Im Extremfall können die Nutzer sich auch in sogenannten „Filterblasen" sich von dissonanten Informationen isolieren (Pariser 2011). Um kognitive Dissonanzen zu vermeiden bewegen sich die Menschen in „Fliterblasen" und „Echokammern", um Informationen auszuwählen, die bestehenden

Überzeugungen bestätigen, was dazu führen kann, dass sich Menschen in immer starreren und extremeren Positionen verankern. Der gesellschaftliche Diskurs führt durch den Bestätigungsfehler (englisch: Conformation bias) zu einer Polarisierung des Diskurses (Oswald und Grosjean 2004).

5.6 Theorie des sozialen Vergleichs

Die sozialpsychologische Theorie des sozialen Vergleichs (Festinger 1954) besagt, dass wir unsere Identität immer im Vergleich zu anderen Menschen oder auch Gruppen entwickeln. Demnach nehmen wir uns erst mit unseren individuellen Eigenschaften und Verhaltensweisen wahr, indem wir uns mit anderen Menschen und Gruppen vergleichen. Über den Vergleich erhalten wir demnach erst Informationen über unsere eigenen Identitätsmerkmale. Diese Erkenntnisse der Theorie des sozialen Vergleichs lassen sich auch für die sozialen Medien anwenden. So lässt sich beobachten, dass Menschen die sozialen Medien nicht nur zur reinen Informationssuche verwenden, sondern oft dazu neigen, sich mit anderen zu vergleichen, sei es in Bezug auf ihren Lebensstil, ihre Leistungen, ihr Aussehen oder andere Aspekte ihres Lebens. Dieser Vergleichsprozess kann sowohl positiv als auch negativ beeinflussen (Kneidinger-Müller 2017, S. 66–67).

Positiv gesehen können Menschen durch den Vergleich mit anderen, Motivation und Inspiration gewinnen. Sie könnten sich von erfolgreichen oder positiv dargestellten Individuen oder Gruppen anspornen lassen, ihre eigenen Ziele zu verfolgen oder sich zu verbessern. Auf der anderen Seite kann jedoch auch ein negativer Vergleichseffekt auftreten, der zu Unzufriedenheit, Selbstzweifeln oder sogar sozialem Druck führen kann.

In sozialen Medien werden oft idealisierte Darstellungen des Lebens anderer präsentiert, was zu einem verzerrten Bild führen kann. Menschen könnten sich gezwungen fühlen, ein bestimmtes Bild von sich selbst zu präsentieren, um den scheinbar hohen Standards anderer gerecht zu werden. Dies kann zu einem verstärkten Wettbewerbsdruck und zu einem ständigen Bedürfnis nach Bestätigung durch positive Rückmeldungen und Likes führen. Das konnte auch in einer Studie (Krasnova et al. 2013) nachgewiesen werden, da durch den sozialen Vergleich in den sozialen Medien oftmals das Gefühl entsteht kann, dass die Lebenssituation in den beobachteten Profilen positiver erlebt wird und die eigene als defizitärer wahrgenommen wird.

Es ist wichtig zu betonen, dass die sozialpsychologische Theorie des sozialen Vergleichs nicht ausschließlich negativ ist. Der Vergleich mit anderen kann auch positive soziale Interaktionen fördern und zur Entwicklung sozialer Normen beitragen. Dennoch ist es wichtig, sich der potenziellen Auswirkungen bewusst zu sein und einen ausgewogenen Umgang mit sozialen Medien zu finden, der die eigene mentale Gesundheit fördert.

> **Zusammenfassung**
> In diesem Kapitel haben wir uns mit den medienpsychologischen Modellen der CvK befasst. Diese liefern sehr gute Erklärungen für die Kommunikation in den sozialen Medien, da es sich bei dieser Kommunikation ja um Computer vermittelte Kommunikation handelt. Hierbei sind vor allen Dingen zwei Modelle zentral: Zum einen das Hyperpersonal Modell (HPM), dass die Selbstdarstellung und Idealisierung der Botschaften betont, welche sich gerade in der Kommunikation in den sozialen Medien häufig beobachten lässt und zum anderen das Social Identity Model of Deindividuation (SIDE.Modell), welches die Auswirkungen der sozialen Identität und Deindividuation in der CvK, insbesondere in sozialen Medien, untersucht. Weitere medienpsychologische Ansätze befassen sich mit Selbstoffenbarung und Selbstdarstellung, wobei bei den hier durchgeführten Studien oftmals die reale Face-to-Face-Kommunikation Referenzpunkt ist. Diese Formen der Kommunikation sind in den sozialen Medien zentral. Des Weiteren haben wir die Theorie der kognitiven Dissonanz und die Theorie des sozialen Vergleichs nach Festinger beschrieben und seine Aussagekraft hinsichtlich sozialer Medien untersucht.

Literatur

Berg, J. H./Derlega, V. J. (1987). Themes in the study of self-disclosure. In: V. J. Derlega (Eds.): Self-disclosure Theory, research, and therapy (pp. 1–8). New York, NY: Plenum Press.

Döring, N. (2013). Modelle der computervermittelten Kommunikation. In: R. v. Kuhlen/W. Semar/D. Strauch (Hrsg.): Grundlagen der praktischen Information und Dokumentation. Handbuch zur Einführung in die Informationswissenschaft und –Praxis. 6. Aufl., Walter de Gruyter Verlag. Berlin..

Elasmar, M. G. (2018). Media Effekts. In: Napoli, P. M. (Ed.): Mediated Communication. Handbook of Communication Science. Walter de Gruyter Verlag.

Festinger, L. (1954). A theory of social comparison processes. Human Relations 7:117–140.

Festinger, L. (1957). A Theory of Cognitive Dissonance. Stanford University Press. Stanford, CA.

Frindte, W. (2002). Einführung in die Kommunikationspsychologie. Beltz Verlag.

Hancock, J. T.; Toma, C. L. (2009). Putting Your Best Face Forward: The Accuracy of Online Dating Photographs. Journal of Communication 59 (2): 367–386.

High, A. C./Caplan, S. E. (2009). Social anxiety and computer-mediated communication during initial interactions: Implications for the hyper personal perspective. Computers in Human Behavior, 25 (2), 475–482.

Jung-Ah, L./Yongjun, S. (2016). Hide-and-Seek: Narcissism and "Selfie"-Related Behavior. In: Cyberpsychology, Behavior, and Social Networking. Zugriff 08.04.2016 unter http://online.liebertpub.com/doi/full/10.1089/cyber.2015.0486.

Krasnova, H./Wenninger, H./Widjaja, T./Buxmann, P. (2013). Envy on Facebook: A Hidden Threat to Users' Life Satisfaction? Wirtschaftsinformatik Proceedings.

Kiesler, S./Siegel, J./McGuire, T.W. (1984). Social psychological aspects of computer-mediated communication. American Psychologist, 39, 1123–1134.

Kneidinger-Müller, B. (2017). Identitätsbildung in sozialen Medien. In: Schmidt, J. H./Taddicken, M. (Hrsg.) Handbuch Soziale Medien. Springer VS.

Lee, E. J., Lee, J. A., Moon, J. H., & Sung, Y. (2014). Picture perfect self-presentation: The effects of social comparison and self-esteem on profile picture selection. Journal of Social and Personal Relationships, 31(4), 517–528.

Miyata, K./Kobayashi, T. (2008). Causal relationship between internet use and social capital in Japan. Asian Journal of Social Psychology, 11, S. 42–52.

Neustadtl, A./Robinson, J. P. (2002). Social contact differences between internet user and non-users in the General Social Survey. IT and Societies, 1 (1), S. 73–102.

Oswald, M. E./Grosjean, S. (2004). Confirmation bias. In: Pohl, R. F. (Hrsg.), Cognitive Illusions. A Handbook on Fallacies and Biases in Thinking, Judgementand Memory (79–96). London, Psychology Press.

Pariser, E. (2011). The filter bubble: What the Internet is hiding from you. London. Penguin UK.

Reicher, S. D./Spears, R./Postmes, T. (1995). A. social identity model of deindividuation phenomena. In: W. Stroebe/M. Hewstone (Eds.), European review of social psychology (Vol. 6, pp. 161–197). Chichester: Wiley.

Reips, U.-D. (2006). Computervermittelte Kommunikation. In: Bierhoff, H.-W./D. Frey, (Hrsg.): Handbuch der Sozialpsychologie und Kommunikationspsychologie. Hogrefe Verlag.

Schneider, N. (2013). Zwischen Privatheit und Öffentlichkeit. In. Medien, Netz und Öffentlichkeit. Impulse für die digitale Gesellschaft. Klartext Verlag, Essen.

Short, J./Williams, E./Christie, B. (1976). The social psychology of telecommunications. London: Wiley.

Spears, R. & Lea, M, (1994). Panacea or panopticum? The hidden power in computer-mediated communication. Communication Research, 21 (4), 427–459.

Tajfel, H./Turner, J. C. (1986). The social-identity theory of intergroup behaviour. In: S. Worchel/W. G. Austin (Eds.): Psychology of intergroup relations (2nd ed., pp. 7–24). Chicago: Nelson-Hall.

Trepte, S./Reinecke, L. (2019). Medienpsychologie. Kohlhammer Urban Verlag. (2. Aufl.).

Tidwell, L.S./Walther, J. B. (2002). Computer-mediated communication effects on disclosure, Impressions, and interpersonal evaluations. Getting to know one another a bit at a time. Human Communication Research, 28 (3), 317–348.

Turner, J. C./Onorato, R. S. (1999). Social identity, personality, and the self-concept: A self-categorization perspective. In: T.R. Tyler/R. M. Kramer/O.P. John (Eds.): The psychology of the social self (pp. 11–46). Mahwah, NJ: Lawrence Erlbaum Associates.

Walther, J. B. (1992). Interpersonal effects in computer-mediates interaction: A relational perspective. Communication Research, 19 (1), 52–90.

Walther, J. B. (1996). Computer-mediated communication: Impersonal, interpersonal, and hyperpersonal interaction. Communication Research, 23 (1), 3–43.

Walther, J. B. (2011). Theory of computer-mediated communication and handbook of interpersonal communication (4 ed., pp. 443–479). Thousand Oaks: SAGE.

Modelle und Theorien der Wirkungsforschung

6.1 Wirkungsmodelle

In diesem Kapitel werden wir zunächst auf zentrale Wirkungsmodellen eingehen, um dann später auf zentrale Theorien der Medienwirkungsforschung einzugehen. Die empirische Wirkungsforschung orientierte sich von jeher an diesen Wirkungsmodellen (Eichhorn 2005, S. 77).

6.1.1 Das Stimulus-Response-Modell

Nach dem Stimulus-Response-Modell von Lasswell (1927) gibt es einen bestimmten Stimulus, welche auf einen isolierten Rezipienten trifft und bei diesem eine messbare Response erzeugt, d. h. ein Reiz löst eine nachweisbare Reaktion aus. Es geht auch von einer unmittelbaren Umsetzung von Reiz in Reaktionen aus. Dabei ist der Stimulus also kausal für die beobachtete Wirkung. Der Rezipient ist in der Rolle des passiven Konsumenten und kann sich nicht wehren. Dieses Modell versucht, Kommunikation im Rahmen der Werbung und in den Massenmedien zu erklären und geht davon aus, dass Massenmedien mit Hilfe medialer Strategien den Rezipienten manipulieren können. Drei Merkmale kennzeichnet das Stimulus-Response-Modell (Esser und Brosius 2000, S. 55):

- **Transitivität**: Kommunikationsinhalte werden dem Rezipienten übertragen. Es gibt somit eine direkte Übertragung von Information.
- **Proportionalität**: Die Stärke des Reizes (Stimulus korrespondiert mit der Stärke der Reaktion (Response). Das heißt, je intensiver der Reiz, desto stärker sollte auch die Reaktion sein.
- **Kausalität**: Es besteht eine klare Ursache- Wirkungs-Beziehung zwischen dem Reiz (Stimulus) und der Reaktion). Der Reiz verursacht die Reaktion unmittelbar.

In der Abb. 6.1 ist das Stimulus-Response-Modell vereinfacht dargestellt.

Dieses Modell unterstellt, dass die Rezipienten passive Empfänger von Informationen sind und dass Medieninhalte eine direkte und vorhersehbare Wirkung auf sie haben. Es geht davon aus, dass die Medien die Menschen beeinflussen können, indem sie gezielt platzierte Botschaften senden. Es wurde jedoch kritisiert, da es die Rolle des Rezipienten als aktiven Interpretierenden und die vielen anderen Faktoren, die die Kommunikation beeinflussen können, vernachlässigt.

In der modernen Kommunikationsforschung werden eher interaktive Modelle bevorzugt, die die aktive Rolle des Rezipienten, die Vielschichtigkeit der Kommunikation und den Einfluss von Kontext und sozialen Faktoren berücksichtigen.

Dennoch lassen sich aus diesem einfachen, klassischen Modell Überlegungen im Kontext der Kommunikation in sozialen Medien ableiten.

- **Transitivität in den sozialen Medien**: In sozialen Medien erfolgt eine schnelle und direkte Übertragung von

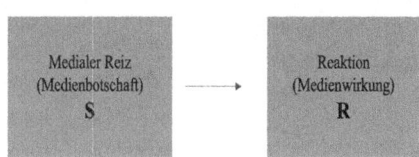

Abb. 6.1 Stimulus-Response-Modell. (Eigene Darstellung)

Informationen von einem Nutzer zum anderen. Beiträge, Bilder, Videos und Kommentare werden unmittelbar geteilt und verbreitet. Die virale Natur von Inhalten in sozialen Medien spiegelt die Transitivität wider, da Informationen sich schnell und weit verbreiten können.

- **Proportionalität in den sozialen Medien**: Die Intensität von Inhalten in sozialen Medien kann die Interaktion beeinflussen. Beispielsweise können kontroverse oder emotionale Beiträge stärkere Reaktionen in Form von Likes, Kommentaren oder Shares hervorrufen. Influencer-Marketing basiert teilweise auf der Annahme, dass die Stärke des Reizes (der Einfluss einer bekannten Persönlichkeit) proportional zu den Reaktionen der Follower ist.
- **Kausalität in den sozialen Medien**: Obwohl nicht alle Reaktionen in sozialen Medien direkt auf einen einzelnen Stimulus zurückzuführen sind, gibt es dennoch Momente, in denen eine klare Ursache-Wirkungs-Beziehung erkennbar ist. Zum Beispiel kann eine virale Herausforderung eine Welle von Benutzeraktivitäten auslösen.

Jedoch ist es wichtig zu beachten, dass soziale Medien komplexer sind als das traditionelle Stimulus-Response-Modell annimmt, da die aktive Rolle der Nutzer und die Interaktion zu wenig beachtet werden. In einer Weiterentwicklung des S-R-Modells wird versucht der aktiven Rolle der Nutzer gerecht zu werden. Diesem Modell wenden wir uns im Folgenden zu.

6.1.2 Das Stimulus-Organismus-Response-Modell

In den Kommunikationswissenschaften wurde dieses einfache Stimulus-Response-Modell auf der Basis verschiedener Beiträge und Studien modifiziert und zwischen Stimulus und Response ein Organismus zwischengeschaltet und somit das S-R-Modell zu einem S-O-R-Modell weiterentwickelt, das jedoch eher als Sammelbegriff für eine Vielzahl von Modellen ist, welche die Rolle des Organismus (oder des Individuums) in der

Kommunikation betonen. Dieses Modell geht davon aus, dass die Einflüsse durch den Stimulus innerhalb des reizaufnehmenden Organismus unterschiedliche Reaktionen auslösen (Fahr 2012, S. 328).

Im S-R-Modell ist das Individuum im Kommunikationsprozess relativ unbedeutend und vollständig dem stimulierenden Reiz ausgeliefert. Im S-O-R-Modell in Abb. 6.2 findet ein Paradigmenwechsel in der Hinsicht statt, dass dem Individuum bzw. Organismus im Kommunikationsprozess eine höhere Bedeutung beigemessen wird. Dies kann beispielsweise durch affektive, kognitive oder intentionale Einstellungen des Organismus geschehen. So können potenzielle Rezipienten durch ansprechende Inhalte stimuliert werden. Der Reiz (Stimulus) wird dann anschließend emotional, kognitiv und intentional weiterverarbeitet. Die Reaktion ist im Idealfall eine Aktivierung. Bei dem S-O-R-Modell steht die Zielperson selbst mit seinen Einstellungen, seinem Image, dem wahrgenommenen Risiko und seiner kognitiven Dissonanz im Mittelpunkt.

Im Kontext von sozialen Medien lässt sich das S-O-R-Modell weiter spezifizieren, um die Besonderheiten und Einflüsse in diesem Kommunikationsumfeld zu berücksichtigen. Bezogen auf soziale Medien lassen sich folgende Erkenntnisse ableiten:

- **Stimulus (Reiz):** In den sozialen Medien haben wir es mit vielfältigen Stimuli zu tun, wie Texte, Bilder, Videos und Kommentaren und vieles mehr. Durch die kontingenten Interaktionen der Nutzer und die unabsehbaren, viralen Effekte kann die Reichweite eines Stimulus nicht genau vorherbestimmt werden.

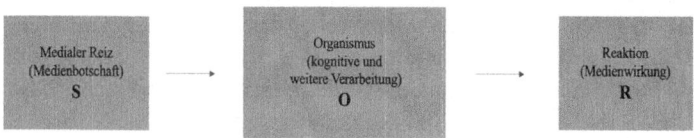

Abb. 6.2 S-O-R-Modell. (Quelle: Eigene Darstellung)

6.1 Wirkungsmodelle

- **Organism (Zielperson):** Die individuellen Einstellungen der Zielperson gegenüber sozialen Medien, bestimmten Plattformen, Inhalten oder auch anderen Nutzern, spielen eine Schlüsselrolle. Zudem beeinflussen das Selbstbild, die Identität und die Online-Reputation die Wahrnehmung und Reaktion auf Inhalte on soziale Medien.
- **Response (Reaktion):** Auch die Reaktionen können in sozialen Medien vielfältig sein, darunter Likes, Kommentare, Shares, Retweets, aber auch aktive Beiträge und die Erstellung von eigenem Content. Die Art der Reaktion kann stark von sozialen Normen, Trends und Peer-Einflüssen bestimmt sein.

Das S-O-R-Modell trägt dazu bei, die Komplexität der Kommunikation in den sozialen Medien besser zu verstehen, indem es die aktive Rolle der Individuen betont. Hier sind einige Aussagen, die sich für die Kommunikation in sozialen Medien aus dem S-O-R-Modell ableiten lassen:

- **Affektive Reaktionen:** In sozialen Medien spielen emotionale Reaktionen eine entscheidende Rolle. Die affektive Seite des Organismus, also die emotionalen Zustände der Nutzer, beeinflusst die Wahrnehmung von Inhalten. Inhalte, die starke emotionale Reaktionen hervorrufen, haben tendenziell eine höhere Wahrscheinlichkeit, geteilt und viral verbreitet zu werden.
- **Kognitive Verarbeitung:** Nutzer in sozialen Medien verarbeiten Informationen aktiv auf kognitive Weise. Kognitive Einstellungen, wie Wissen und Überzeugungen haben demnach einen Einfluss darauf, wie Nutzer Nachrichten, Artikel oder Diskussionen verstehen und bewerten. Die Glaubwürdigkeit von Quellen und die Qualität der Informationen spielen dabei eine wichtige Rolle in der kognitiven Verarbeitung.
- **Intentionale Handlungen:** Die Absichten und Ziele der Nutzer beeinflussen ihre Handlungen in sozialen Medien. Nutzer können bestimmte Inhalte teilen, um ihre Ansichten zu unterstützen, soziale Verbindungen zu stärken oder Aufmerksamkeit zu erregen.

- **Soziale Interaktion:** Soziale Medien sind von Natur aus interaktiv, und die soziale Umgebung spielt eine wichtige Rolle in der Kommunikation. Kommentare, Likes, Shares und andere Formen der Interaktion sind bedeutende Kommunikationselemente, welche wiederum die Relevanz von Content durch die Algorithmen beeinflussen. Der soziale Kontext beeinflusst die Wahrnehmung von Inhalten und kann die Reaktionen der Nutzer beeinflussen.
- **Individualität und Vielfalt:** Das S-O-R-Modell betont die Individualität der Rezipienten. In sozialen Medien gibt es eine große Vielfalt von Nutzern mit unterschiedlichen Einstellungen, Erfahrungen und Perspektiven. Personalisierte Ansätze, die die Vielfalt der Zielgruppen berücksichtigen, können in sozialen Medien effektiver sein.
- **Algorithmische Einflüsse:** Algorithmen, die in sozialen Medien verwendet werden, um Inhalte anzuzeigen, können die Reaktionen der Nutzer beeinflussen. Die Art und Weise, wie Plattformen Inhalte kuratieren und priorisieren, kann die affektiven, kognitiven und intentionalen Reaktionen beeinflussen.

Insgesamt verdeutlicht das S-O-R-Modell, dass die Kommunikation in sozialen Medien nicht nur von den Inhalten selbst, sondern auch von den individuellen Unterschieden, emotionalen Zuständen und sozialen Kontexten der Nutzer geprägt wird. Gerade in den sozialen Medien kann dem Objekt, welches zwischen Reiz und Reaktion steht, ein großer zugesprochen werden. Eine erfolgreiche Kommunikationsstrategie sollte diese Faktoren berücksichtigen und eine aktive Beteiligung der Zielgruppe fördern.

6.1.3 Uses & Gratification-Ansatz oder Nutzenansatz von Blumler und Katz

Dieses von Blumler und Katz (1974) entwickelte Modell der Wirkungsforschung geht von aktiv handelnden Rezipienten gegenüber den Massenmedien aus und stellt dabei folgende Frage:

6.1 Wirkungsmodelle

„Was machen die Menschen mit den Medien?" (Katz 1959, S. 2). Hierbei handelt es sich ebenfalls um ein theoretisches Kommunikationsmodell, welches sich mit der individuellen Informationszuwendung auseinandersetzt. Die Rezipienten sind nicht wie beim S-R-Modell wehrlos einem Stimulus ausgesetzt, sondern sie selektieren nach ihren Bedürfnissen ihre spezifischen Kommunikationsinhalte. Hier wird die Frage zentral, was die Menschen mit den Medien bezwecken. Während das S-R-Modell und das S-O-R-Modell der Frage nachgehen, was Medien beim Rezipienten bewirken, untersucht der Nutzenansatz hingegen, welche Bedürfnisse und Motive bei den Rezipienten zu einer Medienzuwendung oder Mediennutzung führen. Dieses Modell wendet sich also den Nutzungsmotiven der Rezipienten zu und geht von emanzipierten und aktiven Rezipienten aus, die nicht unbedingt direkt und unmittelbar über Reize beeinflussbar sind (Blumler und Katz 1974 zitiert nach Burkart 2002, S. 220) (Abb. 6.3).

Zu den Motiven und Bedürfnissen der kommunikativen Mediennutzung gehören folgende Aspekte (Hasebrink 2003, S. 113):

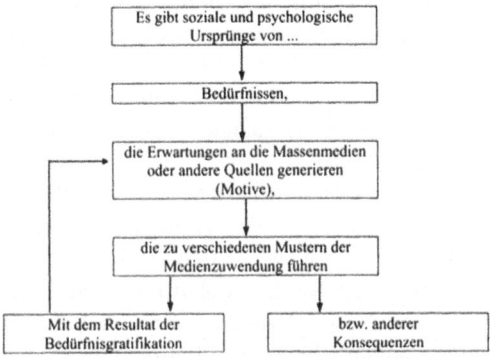

Abb. 6.3 Nutzen- und Belohnungsansat. (Quelle: Hasebrink 2003, S. 113, nach Katz et al. 1974, S. 20)

- **Informationsbedürfnis**: Dabei geht es um Orientierung in der Umwelt und Ratsuche. Die Nutzer versuchen ihre Neugierde zu befriedigen und zu lernen, um durch Wissen Sicherheit und eine Orientierung im Leben zu bekommen. Die sozialen Medien bieten auf Ihren Plattformen vielseitige Angebote um das Informatiosbedürfnis zu befriedigen. Hier wird über aktuelle Ereignisse, Trends und Entwicklungen informiert, allerdings besteht hier auch die Gefahr von Desinformation und Fake News, da die Informationen teilweise ungefiltert und unreflektiert gepostet werden und ein Teil der Posts und Inhalte oftmals eine hohe Reichweite erzielen.

Nutzerinnen in den sozialen Medien suchen auch nach Ratschlägen, Meinungen und Erfahrungen zu verschiedenen Themen. Viele Influencer in den sozialen Medien befassen sich mit einer Vielzahl von Lebenshilfen und Tipps für die Lebensführung. Auch die Vermittlung von Wissen spielt auf den Plattformen in den sozialen Medien eine wichtige Rolle. In zahlreichen Podcasts, Tutorials und Vorträgen sowie Diskussionssendungen wird Wissen zugänglich gemacht und befriedigt das Bedürfniss nach Wissen.

- **Bedürfnis nach persönlicher Identität** ist ein weiteres Nutzungsmotiv und erklärt die generelle Zuwendung zu Medien. Medien sind eine zentrale Sozialisationsinstanz, in der persönliche Werte bestärkt und auch gesellschaftliche Werte vermittelt werden. Hier findet auch eine Suche nach Verahaltensmodellen statt und die Suche nach Identifikation mit anderen Vorbildern. All diese Bedürfnisse lassen sich sehr gut über die Social-Media-Angebote finden. Gerade Influencer eignen sich als Identifikationsfiguren.
- **Das Bedürfnis nach Integration und sozialer Interaktion** ist ein weiteres Nutzungsmotiv sich generell den Medien zuzuwenden. Soziale Medien schaffen Gemeinschaften, in denen Nutzer ein Gefühl der Zugehörigkeit erfahren können. Medien erfüllen generell die Möglichkeit der Anschlusskommunikation. Die sozialen Medien ermöglichen eine Anschlusskommunikation direkt in der realen Welt, aber vor

allen Dingen direkt in der virtuellen Welt. Soziale Medien eignen sich deshalb auch sehr gut, soziale Kontakte aufrechtzuerhalten und zu pflegen.
In diversen Gruppen und Foren gibt es die Möglichkeit sich Gemeinschaften anzuschließen und seine eigene Identität zu entwickeln und zu erkunden, wie wir bereits auch in dem SIDE-Modell erläutert haben.
- **Ein weiteres Nutzungsmotiv ist das Bedürfnis nach Unterhaltung.** Motive der Mediennutzung können Ablenkung, Entspannung sowie emotionale Entlastung sein. Teilweise kann das Unterhaltungsbedürfnis auch in eine Wirklichkeitsflucht führen (sogenannter Eskapimus). Soziale Medien bieten Unterhaltung und Ablenkung, indem sie Nutzern ermöglichen, dem Alltag zu entfliehen. Teilweise besteht hier auch die Gefahr ein Suchtverhalten zu entwickeln. Gerade in den sozialen Medien finden wir eine Fülle von unterhaltsamen Inhalten (englisch: Content) vor, wie Videos, Short und Spiele, die teilweise auch nach den persönlichen Bedürfnissen durch die Algorithmen zugeschnitten sind.

6.1.4 Uses & Effects-Modell

Das Uses & Effects-Modell baut auf den Uses & Gratifications-Ansatz (Nutzen-Belohnungs-Ansatz) auf (Eichhorn 2005, S. 78) und kombiniert folgende Annahmen: Individuen verarbeiten Informationen aktiv und wenden sich bewusst bestimmten Aspekten ihrer Umwelt zu. Dabei bleiben die Beschäftigungen für das Individuum nicht folgenlos. Nicht intendierte Konsequenzen der Mediennutzung haben auch einen Effekt auf das Individuum selbst und darüber hinaus auch auf die es umgebende Umwelt.

Aus der Abb. 6.4 wird ersichtlich, dass zum einen der Stimulus bzw. die Gratifikationsquelle Konsequenzen und Effekte auf das Individuum haben, jedoch das Individuum mit seinem Nutzungsverhalten auch einen Einfluss auf die Gratifikationsquelle hat bzw. gezielt nach seinen Bedürfnissen diese auswählt.

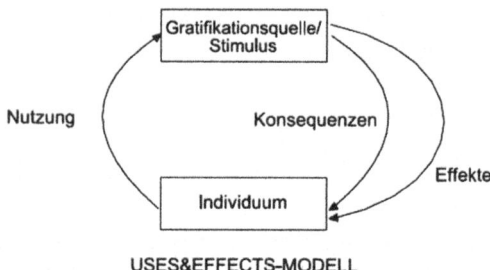

Abb. 6.4 Uses & Effect-Modell. (Quelle: Eichhorn 2005, S. 79)

Auch in den sozialen Medien suchen die Individuen nach Inhalten, die ihren Interessen entsprechen. Inhalte werden zudem immer personalisierter auf die Bedürfnisse zugeschnitten. Die Algorithmen der Social-Media-Plattformen beeinflussen zudem die Art und Weise, wie Informationen präsentiert werden und können dadurch auch die aktive Informationsverarbeitung beeinflussen. In den sozialen Medien haben wir es auch mit nicht intendierten Folgen der Mediennutzung zu tun, beispielsweise kann die Nutzung dazu führen, dass sich die Rezipienten unbewusst zunehmend in Filterblasen und Echokammern bewegen. Auch die Influencer in den sozialen Medien können das Verhalten und die Einstellung der Nutzenden positiv wie negativ beeinflussen, ohne dass diese Einstellungs- und Verhaltensänderungen intendiert sind. In den sozialen Medien können wir auch Effekte auf die umgebende Umwelt feststellen, wenn durch das Mediennutzungsverhalten virale Inhalte verbreitet werden und gesellschaftliche Diskussionen beeinflusst werden.

6.1.5 Transaktionsaktionale Modelle

Transaktionale Modelle führen die SR- und Uses & Gratification-Perspektiven zusammen und problematisieren dabei die Beziehung. Darüber hinaus entfalten sie einen neuen Wirkungsbegriff. Aus der transaktionalen Perspektive wird wie beim

Symbolischen Interaktionismus Kommunikation als eine beidseitige Informationskonstruktion gesehen (Eichhorn 2005, S. 80), in der „Informationen erst im Verlauf des Kommunikations- bzw. Wirkungsprozesses ihre Bedeutung erhalten und die Medienbotschaft als Stimulus keine fixe Identität besitzt" (Früh 1991, S. 124).

Das in Abb. 6.5 dargestellte, transaktionale Modell geht von einer dynamischen Betrachtungsweise von Kommunikation aus.

Bei diesem Modell gibt es zwei Typen von Transaktionen (Früh 1991, S. 124):

- Intratransaktion zwischen Aktivation und Wissen des Rezipienten. Also ist hier eine Wechselwirkung zwischen der Aktivierung des Rezipienten (eventuell durch externe Reize oder Botschaften) und dem vorhandenen Wissen des Rezipienten gemeint.
- Intertransaktion zwischen Rezipienten und Medienbotschaft. Hier wird die Intertransaktion zwischen dem Rezipienten und der Medienbotschaft betont.

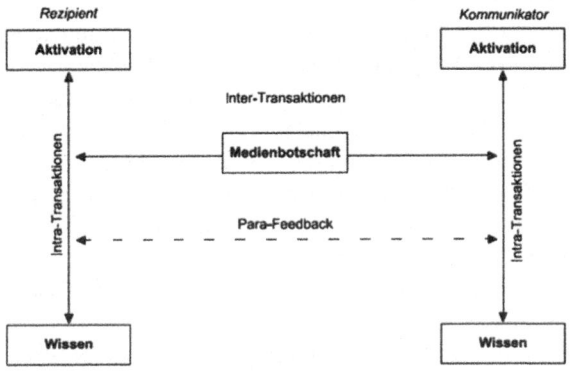

Abb. 6.5 Transaktionales Modell. (Quelle: Schönbach und Früh 1984, S. 78)

Analog zum symbolischen Interaktionismus ist in der transaktionalen Perspektive eine Informationsübertragung eine Informationskonstruktion, in der „Informationen erst im Verlauf des Kommunikations- bzw. Wirkungsprozesses ihre Bedeutung erhalten und die Medienbotschaft als Stimulus keine fixe Identität besitzt." (Früh 1991, S. 124)

Dadurch wird die Rezipientenperspektive durch kognitive und emotionale Faktoren beeinflusst, was sich wiederum auf die Selektion und Interpretation der Medieninhalte auswirkt. Die interaktive Perspektive wird auch bei der Kommunikatorperspektive deutlich, da hier die Medienangebote entsprechend der zu vermittelten Werte ausgewählt werden. Ein weiterer Aspekt ist die Abhängigkeit des Anbieters von den Interessen und Bedürfnissen der Medienkonsumenten.

Nach dem dynamischen-transaktionalen Ansatz sind die Feedback-Prozesse in der Massenkommunikation direkt und basierten bei den klassischen Medien auf Eischaltquoten, Meinungsumfragen oder Leserbriefen. Dabei spielen sie Vorstellungen der Medienakteure und die der Rezipienten über die Absichten, Motivationen und Fähigkeiten des jeweiligen Anderen eine wichtige Rolle. Somit wird die Dynamik, welche sich aus der Mediennutzung ergibt in die Betrachtung einbezogen.

Insgesamt beschreibt das dynamischen-transaktionale Modell eine komplexe Wechselwirkung zwischen Medienproduzenten und -konsumenten, wobei sowohl individuelle Faktoren als auch die Dynamik der Medienlandschaft berücksichtigt werden.

Welche Erkenntnisse können aus diesem Modell für die sozialen Medien abgeleitet werden? Gerade dort werden die Auswahl und Interpretation von Inhalten stark von den persönlichen Merkmalen und Interessen der Nutzer beeinflusst und diese bringen ihre individuellen kognitiven Fähigkeiten, Bedürfnisse und Emotionen mit. Zudem selektieren auch die Social-Media-Plattformen und präsentieren ihre Inhalte auf der Basis von Algorithmen und Nutzerdaten. In sozialen Medien sind die Feedback-Prozesse besonders ausgeprägt durch Likes, Kommentare, Shares und andere Formen der Interaktion. Social-Media-Plattformen nutzen diese Rückmeldungen, um Inhalte zu personalisieren und die Benutzererfahrung zu optimieren. Die Nutzung

6.1 Wirkungsmodelle

von sozialen Medien ist habitualisiert, aber durch „Initialreize" (z. B. virale Inhalte, Trends) können die Nutzer ihre Gewohnheiten durchbrechen. Die Veränderungen in der Mediennutzung und -biographie werden ebenfalls berücksichtigt, insbesondere im Hinblick auf den zeitlichen Aspekt. Die Interaktion zwischen sozialen Medien und den Nutzern ist wechselseitig: Nutzer beeinflussen die Plattformen durch ihre Aktivitäten, und die Plattformen beeinflussen das Verhalten der Nutzer. Die Erwartungen und Vermutungen der Nutzer über die Absichten und Motivationen der Plattformen spielen eine Rolle in der Kommunikation.

Merten (1995) entwickelte ebenfalls ein dynamisches Wirkungsmodell von Kommunikation. Seine Kritik am S-R-Modell und seine Analyse von kommunikativen Wirkungsprozessen macht er von folgenden Variablen abhängig (Merten 1995, S. 80 zitiert nach Rusch 2002, S. 111).

Demnach enthalten kommunikative Wirkungsprozesse einen internen Kontext, beispielsweise das

- *Wissen und die Einstellungen* des Rezipienten, einen externen Kontext aus
- *Werten, Normen und Situationen,*
- eine *Aussage*, die von einem Medium angeboten wird.
- *Erwartungen*, die der Rezipient aufgrund seines Wissens und seiner Einstellungen an Medien richtet (vorauseilende Modalität) und
- ein *Feedback* vom Rezipienten zu den Medien in Form von Einschaltquoten oder verkauften Auflagen.

Dabei konstatiert er, dass Wirkungen in einem kommunikativen Wirkungsprozess, „in the long run – durch Wirkungen selbst verändert werden" (Merten 1995, S. 80 zitiert nach Rusch 2002, S. 111).

Dieser Ansatz betont also nicht nur die Bedeutung der Botschaft und des Mediums, sondern berücksichtigt auch den Einfluss des Rezipienten, des Kontexts und des Feedbacks auf den gesamten kommunikativen Wirkungsprozess. Die Idee, dass Wirkungen sich im Laufe der Zeit verändern können, könnte auf die Wechselwirkungen zwischen diesen verschiedenen Variablen hinweisen.

Mertens dynamisches Wirkungsmodell der Kommunikation lässt sich auch auf soziale Medien anwenden. In sozialen Medien wird die Wirkung von Inhalten maßgeblich durch die individuellen Profile, Vorlieben und das soziale Umfeld der Nutzer beeinflusst. Das bedeutet, dass die persönlichen Eigenschaften und Präferenzen eines Nutzers sowie die Menschen, mit denen er/sie auf der Plattform interagiert, einen großen Einfluss darauf haben, wie Inhalte wahrgenommen und interpretiert werden. Die Relevanz von Inhalten in sozialen Medien wird stark von aktuellen Ereignissen, Trends und kulturellen Entwicklungen beeinflusst. Soziale Medien ermöglichen zudem die Verbreitung verschiedenster Inhalte, von Texten über Bilder bis zu Videos. Die Dynamik liegt in den Interaktionen wie Likes, Kommentaren und Shares. Algorithmen auf sozialen Medien beeinflussen, welche Inhalte der Nutzer basierend auf ihrem vergangenen Verhalten erwarten. Sofortiges Feedback erfolgt in sozialen Medien durch Likes, Kommentare und Shares. Messgrößen wie Reichweite und Engagement sind dabei entscheidend. In sozialen Medien verbreiten und ändern sich Wirkungen schnell durch Viralität, Trends und Echtzeit-Diskussionen. Dies kann durch das soziale Umfeld der Nutzer beeinflusst oder aber auch durch aktuelle Ereignisse, Trends und kulturellen Entwicklungen verändert werden.

6.2 Das Zwei-Stufen-Fluss-Modell von Lazarsfeld

Nun möchte ich das Zwei-Stufen-Fluss-Modell (engl.: Two-Step Flow Theory) bzw. das Opinion Leader Modell von Lazarsfeld vorstellen. Die Studie „The People's Choice" von Lazarsfeld, Berelson und Gaudet wird als Meilenstein und Wendepunkt in der Medienwirkungsforschung angesehen und bildet den Auftakt einer Reihe von Studien. Dieses Konzept zählt in den Kommunikationswissenschaften zu den grundlegenden und mittlerweile klassischen Ansätzen und gilt als Startpunkt der

Meinungsführerforschung. Vor den Ergebnissen dieser Studie war es die vorherrschende Meinung, dass die Massenmedien einen starken direkten Einfluss auf die Meinungsbildung haben. Untersucht wurde die interdependente Wirkung von massenmedialen Einflüssen und zwischenmenschlichen Einflüssen auf individuelle Meinungen, Haltungen und Verhaltensweisen.

Die Studie „The People's Choice" hatte folgendes Forschungsdesign: 600 Wahlberechtigte des Eric County in Ohio wurden im Rahmen der US-amerikanischen Präsidentschaftswahl 1940 zwischen Mai und November monatlich nach ihren politischen Meinungen, ihren Wahlabsichten und ihren medialen und persönlichen Einstellungen befragt.

Es ging hauptsächlich darum, die Rolle des Meinungsführers im Meinungsbildungsprozess zu erforschen. Die Studie wurde von dem Forschungsinteresse geleitet zu untersuchen, wie der Prozess der politischen Meinungsbildung abläuft.

Unter anderen mit folgenden Fragen wurde nach Lazarsfeld et al. 1944 die Untersuchung durchgeführt:

- „Have you tried to convince anyone of your political ideas recently?"
- „Has anyone asked your advice on a political question recently?" (Lazarsfeld et al. 1944).

Entgegen der Erwartungen haben Massenmedien wie Fernsehen und Zeitungen nicht die erwartete Bedeutung in der Meinungsbildung, sondern vor allen Dingen hat die persönliche Kommunikation einen viel stärkeren Einfluss auf die Wahlentscheidung. Die Studie von Katz (1957) konnte die sogenannten „Opinion Leader" identifizieren, die einen besonderen Einfluss auf die Meinungsbildung und Wahlentscheidungen haben. Diese Meinungsführer sind gut informiert und benutzen besonders häufig Medien (Katz 1957, S. 63 f.).

Dabei kamen die Forscher zu dem Ergebnis, dass die Stabilität politischer Einstellungen als Wahlabsicht durch einen Schutzschild gewährleistet wird. Dieser Schutzschild entsteht, indem sich die Wähler nur politischen Informationen aussetzen, die bereits ihren eigenen Ansichten entsprechen, um kognitive

Dissonanz zu verringern. Die Aufrechterhaltung stabiler Einstellungen ermöglicht es den Wählern somit, Konflikte zu vermeiden. Gruppenkontakte dienten dazu die geteilten Einstellungen innerhalb der Gruppe zu verstärken. Einstellungsänderungen treten anscheinend nur auf, wenn die Wähler widersprüchlichen Kräften ausgesetzt sind (Bonfadelli und Friemel 2011, S. 207).

Wie das Opinion-Leader-Modell von Lazarsfeld und Katz aus den 1940er-Jahren zeigt, ist die Beschäftigung mit den Meinungsführern nicht neu ist, allerdings ergeben sich aufgrund der Digitalisierung neue Fragen hinsichtlich der Aussagekraft und Wirkungsweise dieses Modells.

Meinungsführer haben in der Regel ein höheres politisches Interesse, eine höhere Mediennutzung und genießen eine hohe Aufmerksamkeit innerhalb ihrer Gruppe. Die Meinungsführer verfügen über eine besondere kommunikative Kompetenz. Diese Fähigkeit ist auch im Kontext der heutigen Auseinandersetzung mit Influencern in den sozialen Medien von grundlegender Bedeutung. In den sozialen Medien bedeutet dies, dass sie über eine Vielzahl von Followern verfügen und eine hohe Reichweite haben.

Influencer können auch durch Quantität der Kommunikation ihren Aussagen Bedeutung verleihen. Die Studie von Gnambs und Batinic (2012) kam zu dem Ergebnis, dass Influencer besser wahrgenommen werden, wenn die Influencer häufig kommunizieren. Meinungsführer steigern demnach also ihren Einfluss, wenn sie regelmäßig kommunizieren.

Lazarsfeld stellte zudem fest, dass bei der Beurteilung von Sachverhalten die soziale Verankerung einen erheblichen Einfluss auf die Urteilsbildung beim Rezipienten hat und ein so genannter Konformitätsdruck in Form eines Anerkennungsbedürfnisses besteht. Lazarsfelds Studie führte zum Modell der Meinungsführer bzw. „opinion leader" und kam unter anderem zum Ergebnis, dass in der Regel Konflikte innerhalb der sozialen Gruppe vermieden werden und demnach Informationen selektiv ausgewählt und bewertet werden. Meinungsänderungen kommen in der Regel nur dann zustande, wenn in der direkten sozialen Umgebung andere Meinungen kommuniziert werden (Lazarsfeld et al. 1969, S. 19–20).

6.2 Das Zwei-Stufen-Fluss-Modell von Lazarsfeld

Inwieweit lässt sich das Zwei-Stufen-Fluss-Modell auf die Social-Media-Kommunikation übertragen? Inwiefern lässt sich das Konzept auf den Einfluss von sozialen Medien auf politische Meinungsbildungsprozesse oder andere Entscheidungsprozesse übertragen? Kann ein virtuelles Umfeld einen ebenso starken Einfluss ausüben wie ein direktes und reales Umfeld? Diese Fragen sind nach wie vor relevant und relativ unerforscht.

Mit den sozialen Medien und dem Web 2.0 wurden die klassischen Funktionsprinzipien der Medien auf den Kopf gestellt (Abb. 6.6).

In den sozialen Medien können wir Personen mit unterschiedlichem Kommunikations-verhalten unterscheiden. Auf Instagram und auch auf YouTube finden wir die sogenannten Influencer, welche einen erheblichen Einfluss auf andere Menschen ausüben können. Zudem können weitere Bedeutungen des Zwei-Stufen-Fluss-Modells für die neue Medienwelt im Web 2.0 abgeleitet werden. Das Internet ist die erste Informationsquelle für die Individuen geworden, um Antworten für ihre relevanten Fragen zu finden. Das Internet ist zudem zur bevorzugten Informationsquelle geworden (Elasmar 2018, S. 32–33).

Hier stellt sich nun die Frage, ob die Influencer im Web 2.0 mit den Meinungsführern in der realen Welt im Sinne des

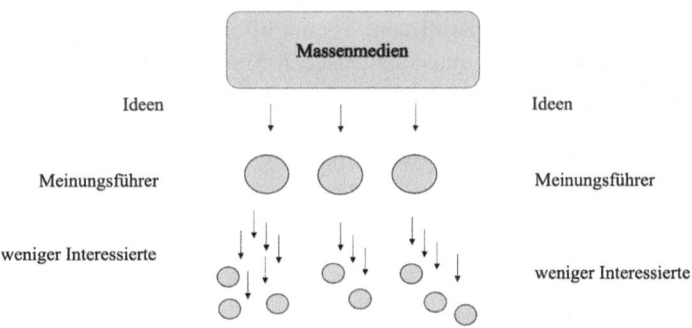

Abb. 6.6 Zweistufen-Modell der Kommunikation nach Lazarsfeld. (Quelle: Eigene Darstellung nach Bonfadelli und Friemel 2011, S. 214)

Two-Step-Flow-Modells zu vergleichen sind, oder ob im Web 2.0 vielleicht ganz andere Phänomene zu beobachten sind?

6.3 Schweigespirale von Noelle-Neumann

In diesem Kapitel betrachten wir ein weiteres Wirkungsmodell – die Theorie der Schweigespirale von Elisabeth Nölle-Neumann. Die Theorie der Schweigespirale kann als Mehr-Ebenen-Modell der Medienwirkung bezeichnet werden, da Analysen der Mikro- und der Makroebene miteinander verknüpft und zur Erklärung der Entstehung der öffentlichen Meinung herangezogen werden (Scheufele 2008, S. 342). Diese Verknüpfung der beiden Ebenen ist gerade vor dem Hintergrund der technischen Entwicklung der Massenmedien durchaus sinnvoll, da die öffentliche Meinung in den sozialen Medien vor allem durch Individualkommunikation entsteht.

Doch zunächst werden wir zentrale Aspekte der Theorie der Schweigespirale betrachten, um dann in einem zweiten Schritt zu prüfen, welche wertvolle Ergebnisse diese Theorie für das Kommunikationsverhalten in den neuen Anwendungsfeldern im Web 2.0 liefern kann und dies anschließend reflektieren.

Eine zentrale These der Theorie ist, dass es einen Zusammenhang zwischen der individuellen Wahrnehmung der öffentlichen Mehrheitsmeinung zu einem Thema und der Bereitschaft des Einzelnen, sich zu diesem Thema öffentlich zu äußern, besteht. Mithilfe ihres quasi-statistischen Sinnes beobachten Individuen permanent zwei Informationsquellen zum öffentlichen Meinungsklima: Die Massenmedien und – das individuelle soziale Umfeld. Massenmedien haben eine Integrations-, eine Sozial- und eine Informationsfunktion. Deshalb gibt uns das Medienklima Orientierung. Die wahrgenommenen Meinungen in den Massenmedien haben auch Einfluss auf das Meinungsklima im direkten sozialen Umfeld. Menschen fürchten soziale Isolation und behalten ihre Gedanken eher für sich, wenn in ihrem sozialen Umfeld ein Isolationsdruck zu spüren ist. Deshalb beobachten die Menschen die Meinung der Medien und das Verhalten anderer Menschen in ihrem sozialen Umfeld. Sie verbergen ihre

6.3 Schweigespirale von Noelle-Neumann

Meinung, wenn sie feststellen, dass ihre Ansichten nicht den in den Medien wahrgenommenen Klima entsprechen. Wenn sie im Einklang mit der Meinung der Medien stehen, haben sie kein Problem damit, ihre Meinung mitzuteilen. Durch das wahrgenommene Meinungsklima in den Medien wird eine „Spirale der Stille" in Gang gesetzt. Dies geschieht insbesondere bei emotionalen oder kontroversen Themen. Nach dieser Theorie haben die Massenmedien einen großen Einfluss auf den Prozess der öffentlichen Meinung. Im Folgenden werden wir untersuchen, ob diese Theorie auf die digitale soziale Kommunikation angewendet werden kann.

Menschen wollen mit ihrer Meinung nicht alleine sein. Sie haben Angst vor einer sozialen Isolation und orientieren sich an der Medienberichterstattung, um vertretbare Mehrheitsmeinungen auszumachen. Diese Dynamik wurde von Noelle-Neumann als „Schweigespirale" beschrieben:

„Personen, die sich in der Mehrheit sehen, werden ihre Meinung artikulieren, während jene, die glauben, dass sie sich in der Minderheit befinden, schweigen. Dadurch wird eine Dynamik in Gang gesetzt, die die ‚sprechende Majorität' zunehmend gewichtiger erscheinen lässt, während die ‚schweigende Minorität' nach und nach ganz verstummt" (Noelle-Neumann 1974).

Medien haben jedoch die Möglichkeiten durch ihre Berichterstattung und durch die bereits angesprochenen Techniken, wie Agenda-Setting und Priming und Framing, Minderheitsmeinungen als Standpunkte von Mehrheiten und Mehrheitsmeinung als Standpunkte von Minderheiten darzustellen (Maier 2007, S. 396 in Six et al. 2007, S. 396).

„Für Parteien und Politiker ist es außergewöhnlich wichtig, dass ihre Position bei möglichst vielen Massenmedien auf der Agenda gesetzt werden und auf diese Weise der Eindruck vermittelt wird, hier handelt es sich um Standpunkte, die von der Mehrheit der Gesellschaft akzeptiert sind" (Noelle-Neumann 1996, S. 232).

Durch die Dynamik der Schweigespirale lässt sich durch medienwirksames politisches Verhalten und eine Präsenz der eigenen

Position in den Medien, diese als Mehrheitsmeinung erscheinen und es können sogar Wahlen durch eine solche mediale Berichterstattung gewonnen werden (Noelle-Neumann 1996, S. 232). Die Theorie der Schweigespirale lässt sich in acht Kernsätze nach Kepplinger (2016, S. 176) wie folgt zusammenfassen:

„1. Menschen fürchten sich, weil sie soziale Wesen sind, vor Isolation (Isolationsangst);
2. Isolation droht bei Meinungen und Verhaltensweisen, die emotional bedeutsame Werte und Meinungen anderer Menschen infrage stellen (Meinungsklima);
3. Um Isolation zu vermeiden, beobachten Menschen permanent und meist unbewusst ihre Umgebung (quasi-statistische Wahrnehmung)
4. Dabei stützen sie sich auf zwei Quellen – Beobachtungen von Menschen in ihrer sozialen Umgebung sowie Darstellungen der sozialen Realität durch die Massenmedien. Beide können sich entsprechen oder voneinander abweichen (doppeltes Meinungsklima);
5. Menschen, die sich im Einklang mit dem Meinungsklima sehen, vertreten ihre Sichtweisen in der Öffentlichkeit häufiger als Menschen, die sich im Widerspruch dazu sehen
6. Als Folge ihres unterschiedlichen öffentlichen Engagements erscheint das Lager der tatsächlichen oder vermeintlichen Mehrheitsmeinung – des Meinungsklimas – größer als es tatsächlich ist. Deshalb kann auch eine Minderheitenmeinung als Mehrheitsmeinung erscheinen;
7. Die vermutete Dominanz derjenigen, die das Meinungsklima vertreten, vergrößert den ohnehin vorhandenen Isolationsdruck auf die Vertreter der tatsächlichen oder vermeintlichen Minderheitenmeinung und setzt einen Spiralprozess in Gang, der sich selbst verstärkt;
8. Im Falle eines doppelten Meinungsklimas setzt sich der Medientenor gegen die gegebene Mehrheitsmeinung der Bevölkerung durch."

Zudem spielt in Noelle-Neumanns Theorie die Konsistenz der medialen Berichterstattung eine zentrale Rolle und behauptet, dass durch diese Konsistenz eine selektive Zuwendung zu den Medien nicht möglich ist und dadurch entsteht nach Noelle-Neumann (1973, S. 51) auch deren Macht. „Je mehr das selektive Wahrnehmungsverhalten wird – durch konsonante Berichterstattung und Kommentierung, verstärkt in der Kumulation der periodisch erscheinenden Massenmedien – desto wirksamer können

6.3 Schweigespirale von Noelle-Neumann

Einstellungen durch die Massenmedien verändert werden" (Noelle-Neumann 1973, S. 51). In späteren Publikationen von Noelle-Neumann (1985, S. 77) ist die Konsistenz sogar die Voraussetzung dafür, dass die Schweigespirale abläuft. In er heutigen medialen Berichterstattung können wir zu bestimmten Themen kein plurales Meinungsspektrum feststellen. Anders hingegen in den sozialen Medien. Hier finden wir im Vergleich zu den klassischen Medien ein viel ausdifferenzierteres Meinungsspektrum. Ein weiterer zentraler Aspekt der Theorie ist die Fähigkeit der Menschen das Meinungsklima wahrzunehmen und entsprechend zu reagieren. Nach Noelle-Neumann kann das Meinungsklima über den quasi-statischen Sinn wahrgenommen werden. Da heutzutage eine Vielzahl von Informationsquellen verwendet werden, gibt es kein einheitliches Meinungsklima mehr, wobei man sich als Orientierung bei den öffentlich-rechtlichen Medien an einem offiziellen und konkreten Meinungsklima orientieren kann und davon abweichende Meinungen kritisch betrachtet werden. Nach Noelle-Neumann schätzt das Individuum zusätzlich das Meinungsklima in seiner Umwelt ab und gleicht die dort wahrzunehmende Meinung mit der eigenen ab. Wenn diese nicht entspricht, wird das Individuum eher in Schweigen verfallen.

Wie die Theorie der Schweigespirale auf das Web 2.0 angewendet werden kann, wird im Folgenden thesenartig skizziert. Im digitalen Zeitalter haben wir eine dritte Quelle für unser „quasi-statistischen Wahrnehmungsorgan", das Meinungsklima in den sozialen Medien, welche viele verschiedenen Meinungsklimata beinhalten. Dort finden wir zwar teilweise auch Überlappungen mit dem klassischen Medienklima und auch unserer sozialen Umwelt. Das Klima in den sozialen Medien stellt jedoch ein besonderes Meinungsklima dar, da einerseits gefälschte Nachrichten zirkulieren, Algorithmen die Themen bestimmen und ein Teil des bestehenden Meinungsklimas daher auch als Filterblase bezeichnet werden kann. Die Besonderheit der verschiedenen Klimata in den sozialen Medien ist, dass sie einen großen Einfluss auf Meinungsbildung und politische Partizipation haben. Gleichzeitig finden die Benutzer ihr jeweils konsistentes Klima, um ihre Meinung zu teilen, ohne sich zu isolieren. Somit ist hier gleichzeitig generell auch ein Austausch möglich, ohne das Entstehen von kognitiven Dissonanzen und die Gefahr der Isolation. Auch diverse Auswahlmuster jeder einzelnen Person führen dann insgesamt zu einem subjektiv wahrgenommenen Meinungsklima. Im digitalen Zeitalter haben wir also eine dritte Quelle für unseren quasi-statistischen Sinn, das Klima in den sozialen Medien, das aus vielen verschiedenen Klimameinungen besteht, wie in der Abb. 6.7 anschaulich dargestellt.

Im Meinungsklima in den sozialen Medien finden wir auch Überschneidungen mit dem klassischen Medienklima und der sozialen Umgebung in der realen Welt.

Das Besondere an den verschiedenen Klimakontexten in den sozialen Medien ist, dass sie Einfluss auf die Meinungsbildung und die politische Partizipation haben.

Gleichzeitig finden die Menschen in den sozialen Medien ihr eigenes, spezielles Meinungsklima um ihre Meinungen zu teilen, ohne isoliert zu werden. Auch unterschiedliche Auswahlmuster jedes Einzelnen führen zu subjektiv wahrgenommenen Meinungsklima. Jeder Nutzer kann sich also sein spezielles Meinungsklima suchen. Dadurch können Filterblasen und Echokammern entstehen. In solchen Blasen oder Kammern werden die Nutzer in ihren Haltungen und Meinungen bestätigt, da sie

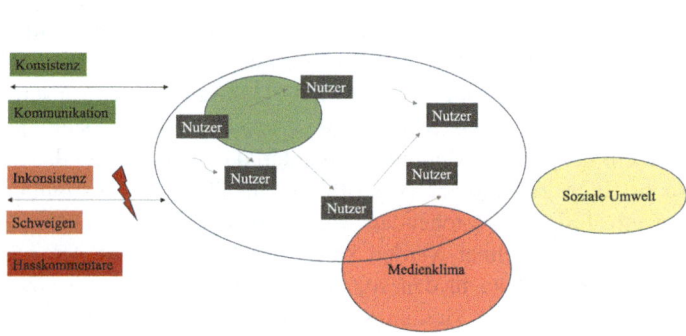

Abb. 6.7 Schweigespirale in den sozialen Medien. (Quelle: Eigene Darstellung)

sich nur in einem dazu kohärenten Meinungsklima bewegen. Entweder bekommen wir durch die Algorithmen nur Themen angezeigt, die uns gefallen, oder wir suchen uns diese Themen selbst. Diese Mechanismen führen dazu, dass die Menschen in den sozialen Medien ein konformes Meinungklima vorfinden und dadurch beflügelt sich auch eher trauen, sich in der realen Öffentlichkeit beispielsweise in Form von Demonstrationen auch vom Mainstream abweichende Meinungen zu äußern. Was als positiver Effekt zu bewerten ist. In den sozialen Medien ist es jedoch für die Nutzer zunehmend schwieriger zu unterscheiden, ob sie Meinungen und Haltungen annehmen, welche sich noch im Rahmen einer Minderheitenmeinung angehört, und somit nur von einer kleinen Gruppe von Menschen vertreten werden, somit funktioniert die Orientierung mithilfe des quasi-statistischen Wahrnehmungsorgans nicht optimal.

Nach Noelle-Neumann nehmen die Individuen neben der indirekten Umwelt wie beispielsweise die Massenmedien auch noch ihre direkte Umwelt wahr. Die Menschen stellen nach Noelle-Neumann „unmittelbare, originäre Beobachtungen" (2001, S. 224) der Umwelt an. In der Kommunikation in den sozialen Medien lassen sich solche direkten Umweltbeobachtung beispielsweise im direkten Freundeskreis auf Facebook oder auch auf anderen Plattformen ebenfalls betreiben.

Zusammenfassend lässt sich die Schweigespirale 2.0 wie folgt beschreiben:

- In den sozialen Medien können die Nutzer mehrere, verschiedene Meinungsklimata wahrnehmen.
- Es besteht eine größere Möglichkeit, am Meinungsbildungsprozess teilzunehmen.
- Nutzer haben direkten Einfluss auf die Wahrnehmung eines Meinungsklimas.
- Sanktions- und Isolationsangst ist aufgrund der Anonymität geringer. Dies kann es Einzelpersonen ermöglichen, abweichende Meinungen zu äußern.
- Infolgedessen ist der „Schweigespiralen"-Prozess langsamer. Es gibt weniger Stille, jedoch mehr Filterblasen.

Durch das Web 2.0 haben die Individuen die Möglichkeit nach subjektiven Kriterien Medieninhalte zu selektieren. Dies kann jedoch auch dazu führen, dass die Individuen subjektiv konsistenten Inhalten bevorzugen, welche keine Dissonanzen verursachen. Es gibt viele Bedrohungen für die pluralistische Gesellschaft – Populisten, Extremisten, Dschihadisten, die durch ihre Meinungsäußerungen auch zum Meinungsklima in den sozialen Netzwerken beitragen. Zudem können wird dort auch eine Zunahme von Minderheitenmeinungen feststellen, die teilweise in einem negativen oder polemischen Ton ausgedrückt werden. Die Frage ist, ob solche Formen der pluralistischen Kommunikation für Demokratie und Meinungsfreiheit notwendig und hilfreich sind oder ob der öffentliche Diskurs in den sozialen Medien eingeschränkt werden muss. Demokratie kann ohne Meinungsfreiheit nicht überleben. Nur in der freien politischen Debatte haben die Bürger die Möglichkeit, ihre eigenen Meinungen zu äußern, die es ihnen ermöglichen, kompetent abzustimmen. Vielleicht sollte man sich deshalb auch in den sozialen Medien mehr auf die selbstreinigende Kraft der öffentlichen Meinung verlassen – im Sinne der „Schweigespirale"?

6.4 Modell der Informationsdiffusion

Modelle der Informationsdiffusion können ebenfalls zu den Wirkungsmodellen zugeordnet werden. Sie untersuchen, wie sich Informationen verbreiten. Gerade in den sozialen Medien gehört das Weiterleiten und Verbreiten von Informationen zu den wichtigsten und beliebtesten Nutzungsoptionen und zu einem verbreiteten Nutzungsverhalten. Anwendungen in den sozialen Medien haben, wie auch aus der Funktionalität der einzelnen Buttons, wie Liken, Sharen, und Retweeten hervorgeht, immer die Diffusion von Information zum Ziel und im Idealfall das Erzielen von viralen Effekten. Im Folgenden wollen wir die Informationsdiffusion in den sozialen Medien genauer betrachten und dazu die wichtigsten Modelle und Theorien zur Diffusionsforschung heranziehen. Hierbei gilt es zunächst einmal verschiedenen Nutzungsformen zu unterscheiden. Bei der Informationsverbreitung

6.4 Modell der Informationsdiffusion

werden die Nutzer selbst kreativ tätig und erstellen eigene Inhalte, welche sie in den sozialen Medien verbreiten. Diese nutzergenerierten Inhalte werden von den Nutzern selbst produziert und verbreitet. Inhalte können jedoch auch nur weitergeleitet werden. Hier werden die Nutzer selbst nicht kreativ (Puschmann und Peters 2017, S. 213).

Die Motive der Informationsweitergabe lassen sich durch den Uses-and Gratifications-Ansatz (U & G) sehr gut erklären. Dieser Ansatz geht von einem zielorientierten Nutzerverhalten aus. Die Nutzer gehen in ihrem Verhalten bestimmten Bedürfnissen nach.

Dieses Modell der Wirkungsforschung geht von aktiv handelnden Rezipienten gegenüber den Massenmedien aus. „Was machen die Menschen mit den Medien?" (Puschmann und Peters 2017, S. 213). Die Rezipienten sind nicht wie beim Stimulus-Response-Modell wehrlos einem Stimulus ausgesetzt, sondern sie selektieren nach ihren Bedürfnissen ihre spezifischen Kommunikationsinhalte. Hier wird die Frage zentral, was die Menschen mit den Medien bezwecken. Während das S-R-Modell und das S-O-R-Modell der Frage nachgehen, was Medien beim Rezipienten bewirken, untersucht der Nutzenansatz hingegen, welche Bedürfnisse und Motive beim Rezipienten zu einer Medienzuwendung oder Mediennutzung führen. Dieses Modell wendet sich also den Nutzungsmotiven der Rezipienten zu und geht von einem emanzipierten und aktiven Rezipienten aus, der nicht unbedingt direkt und unmittelbar über Reize beeinflussbar ist (Puschmann und Peters 2017, S. 213).

Dieser Nutzenansatz wurde von Palmgreen und Rayburn (1985) zum sogenannten GS/GO-Modell oder Erwartungs-Bewertungsmodell weiterentwickelt. Dieses Modell unterscheidet die gesuchte („Gratifications Sought", GS) und die erhaltene Gratifikation. (Gratifications Obtained, GO), um herauszufinden, ob die Medienangebote den Bedürfnissen der Rezipienten entsprechen.

Zu den Motiven und Bedürfnissen der kommunikativen Mediennutzung gehören nach Hasebrink (2003, S. 113) das Informationsbedürfnis, welches sich an der Umwelt orientiert, Rat nach Informationen sucht, seine Neugier befriedigt und Lernen möchte und versucht, eine Sicherheit durch Wissen zu bekommen. Zudem gibt es ein Bedürfnis eine persönliche Identität zu erlangen. Hierbei wollen persönliche Werte durch die Mediennutzung bestärkt werden, es wird nach Modellen gesucht, um das eigene Verhalten damit abzugleichen. Die Mediennutzung kann darüber hinaus der Identifikation mit anderen dienen und auch der Selbstfindung. Das Bedürfnis nach Integration und sozialer Interaktion ist ein weiteres. Dabei wird durch die Mediennutzung ein Gefühl der Zugehörigkeit erzeugt und es kann der Geselligkeit dienen oder auch der Kontaktsuche. Die Mediennutzung dient auch der Unterhaltung und kommt dabei dem Bedürfnis nach emotioneller Entlastung, Wirklichkeitsflucht oder auch Entspannung oder Ablenkung nach. Die Hypertextualität und auch die Verwendung von Hashtags (#) dienen in den sozialen Medien der Informationsverteilung, der Argumentation sowie der Katalogisierung von Inhalten und Themen.

Nach einer Studie von Lee und Ma (2012) erfolgt die Weitergabe von Informationen in den sozialen Medien aufgrund von vier Gratifikationen: Informationen werden weitergegeben, um den eigenen Status zu erhöhen und darüber hinaus soziales Kapital zu generieren. Zudem geht es darum die bestehenden sozialen Beziehungen zu etablieren und zu pflegen.

Jedoch ist die Form der Informationsdiffusion in den sozialen Medien auch kritisch zu betrachten, da sich durch das Kommunikations- und Interaktionsverhalten zunehmend divergierende Teilöffentlichkeiten ausbilden, „sodass der Gesellschaft die gemeinsame Basis für den politischen Diskurs abhanden kommt, eine kollektive Meinungs- und Willensbildung erschwert wird" (Schulz 2008, S. 131).

6.5 Agenda-Setting-Modell

Über Themensetzungen werden Meinungs- und Willensbildung durch die politischen Akteure strukturiert (Schulz 2008, S. 144). „Themen sind soziale Konstrukte, sind das Ergebnis einer kollektiven Themen- und Problemdefinition (Schulz 2008, S. 144)". Für politische Akteure ist es wichtig, dass ihre Sichtweise auf

6.5 Agenda-Setting-Modell

ein Thema und Problem im öffentlichen Diskurs wahrgenommen wird (Schulz 2008, S. 144).

Nach der Agenda-Setting-Theorie prägen die Themensetzungen der Medien die Realitätsvorstellungen der Rezipienten (Kepplinger 2010, S. 18). Demnach haben die Medien eine Selektionsfunktion und bestimmen, welche Themen gesellschaftlich relevant oder unwichtig sind: Agenda-Setting befasst sich mit der folgenden Frage: „Wie beeinflussen die Massenmedien die Vorstellungen der Rezipienten von der Realität?" (Kepplinger 2010, S. 18).

„Medien können aus der Vielfalt der möglichen Ereignisse, die tagtäglich in der ‚Welt' passieren, immer nur eine kleine Menge auswählen, über die dann als ‚Medienrealität' berichtet wird. Massenmedien konstruieren so für die Öffentlichkeit durch Selektion, Thematisierung und Gewichtung – eng.: salience – ein Themenuniversum (Luhmann 1978), welches für das Publikum quasi als ‚dringlich' dargestellt wird und wiederum die Prioritätensetzung und Themenstrukturierung beim Rezipienten als Publikumsagenda bzw. ‚soziale Realität bestimmt" (Bonfadelli 2004, S. 4).

In der Studie verglichen McCombs und Shaw (1972) die Themenrangliste unentschlossener Wähler mit den Ranglisten der Themen für die Medienberichterstattung. Dabei stellten die Forscher einen starken Zusammenhang zwischen dem Nachrichtenwert der Journalisten und der Themenpräferenz des Publikums fest (McCombs und Shaw 1972, S. 185). Sie konstatierten also eine kausale Beziehung zwischen Medienagenda und Publikumsagenda. Je häufiger über ein bestimmtes Thema berichtet wird, umso bedeutsamer wird es in der Wahrnehmung der Bevölkerung.

Nach McCombs (1977, S. 100) können drei Modelle des Agenda-Setting unterschieden werden:

- „Awareness"-Modell: Medien lenken die Aufmerksamkeit auf ein Thema.
- „Salience"-Modell: Rezipienten gewichten die Wichtigkeit der Themen wie Medienagenda

- „Priorities"-Modell: Rezipienten setzten gleiche Prioritäten, wie die Massenmedien (Abb. 6.8)

Medien wirken durch die Häufigkeit der Berichterstattung und die Themensetzung darauf ein, was die Rezipienten als wichtig ansehen (Maier 2007, S, 397). Diese Wirkungen variieren durch folgenden Einflussfaktoren (Maier 2007, S, 397):

- „nach Mediengattungen (von der Presse gehen in aller Regel stärkere Effekte aus als vom Fernsehen),
- Politikebenen (je weniger direkt erfahrbar Politik ist, desto größer sind die Effekte) und
- nach Struktur der Mediennutzer (vor allem Personen mit großem Orientierungsbedarf werden durch die Themensetzung der Massenmedien beeinflusst)."

Durch die Themensetzung und die Art der Berichterstattung sind Massenmedien durchaus in der Lage gesellschaftliche Werte, Prozesse, Krisen und Konflikt in einer bestimmten Form zu beeinflussen (Kepplinger 2010, S. 19).

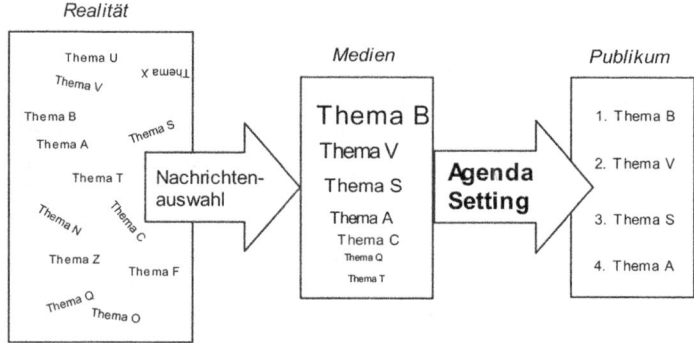

Abb. 6.8 Agenda-Setting. (Quelle: Schulz 2008, S. 147)

6.5 Agenda-Setting-Modell

Neue Medienkanäle und Kommunikationsnetzwerke, wie X (vormals Twitter), Instagram und TikTok haben auch einen Einfluss auf das Agenda-Setting. Diese neuen, sozialen Medien beeinflussen die Nachrichtenauswahl der Journalisten. X (vormals Twitter) liefert den Journalisten Echtzeitinformationen und den Zugang zur Massenkommunikation sowie zu einzelnen zitierfähigen Statements von Politikern und Prominenten. Neuere Forschung der Agenda-Setting beschäftigen sich mit dem Einfluss von den Online-Medien, User generated Content auf die klassischen Medien (Weimann und Brosius 2016, S. 29).

Durch veränderte Medienangebote und Mediennutzungsweisen ist das individuelle Agenda-Setting zunehmend durch individuelle Themeninteressen und Orientierungsbedürfnissen geprägt. Die individuellen Themenstrukturierungen werden in unserer heutigen Gesellschaft immer ausdifferenzierter. Zunehmend gibt es weniger gesellschaftlich verbindende Themen (Rhomberg 2008, S. 39).

Dies gilt vor allen Dingen im Bereich der politischen Kommunikation. Hier lassen sich drei Entwicklungen beschreiben. Erstens könnte die Vielfalt neuer Medien zu einer stark ausdifferenzierten Mediennutzung führen, was zu einer Fragmentierung der Themenagenden und somit zu geringeren Agenda Setting-Effekten auf die gesamte Bevölkerung führen könnte. Dadurch werden Themen von unterschiedlichen Teilen der Bevölkerung je nach Mediennutzung für relevant gehalten (Fragmentierungsthese). Zweitens verändern sich die Inhalte neuer Medien kontinuierlich aufgrund von Nutzungsstatistiken und Rezipienten-Kommentaren sowie den Algorithmen der Plattformbetreiber, was einfache Ursache-Wirkungs-Annahmen im Agenda Setting-Prozess infrage stellt. Drittens ermöglichen soziale Medien den Rezipienten eine aktive Beteiligung am Agenda Setting durch Kommentare und das Weiterleiten von Beiträgen. Trotz dieser Entwicklungen haben sie bisher nicht zu signifikanten Modifikationen des Agenda Setting-Ansatzes geführt. Welche Themen die öffentliche Diskussion dominieren, ist jedoch von erheblicher gesellschaftlicher Relevanz. Politische Parteien, Interessengruppen und Unternehmen profitieren davon, wenn ihre Themen als besonders relevant wahrgenommen werden, da es sich auf die Wahlabsichten auswirken kann. So können beispielsweise Themen, die in den sozialen Medien den Klimawandels thematisieren demnach eher der Partei der Grünen helfen und Themen, welche die Zuwanderung thematisieren oder die Gewalt von Migranten können eher eine Wahlabsicht für die AfD befördern.

Die Agenda Setting-Forschung zeigt, dass Massenmedien eine Schlüsselrolle spielen, indem sie die Publikumsagenda maßgeblich beeinflussen.

Gleichzeitig sind die Medien den Einflüssen der Politik ausgesetzt, die versucht, die Medienagenda zu formen. Die Dauerhaftigkeit dieser Schlüsselrolle der Nachrichtenmedien hängt davon ab, ob sie ihre Position als wichtigste Quelle politischer Informationen gegenüber den nicht-journalistischen Angeboten in sozialen Medien verteidigen können (Maurer 2022, S. 305).

Unter Intermedia Agenda-Setting werden Theorien und Modelle verstanden, die erklären, wie Inhalte zwischen den einzelnen Medien transferiert werden. Im Wesentlichen geht es um die Frage, wie sich die Nachrichten zwischen und innerhalb der Medien verbreiten. Durch die Digitalisierung haben sich die Möglichkeiten des Transfers von Inhalten in den Medien bedeutend verändert. Die Bedeutung der sozialen Medien hat in den letzten Jahren sehr stark zugenommen. Politischen Akteuren kommunizieren ihre Nachrichten auf Facebook und Twitter und werden dann von den klassischen Massenmedien aufgenommen und weiterverbreitet (Harder et al. 2017).

Die sozialen Medien haben einen signifikanten Einfluss auf das Agenda-Setting, da die Nutzer mit ihrer Themensetzung und ihrem Verhalten mitbestimmen, welche Themen in der öffentlichen Diskussion priorisiert und fokussiert werden. Die sozialen Medien haben die Dynamiken des Agenda-Settings durch folgende Aspekte verändert:

Schnelligkeit und Viralität: Soziale Medien ermöglichen eine rasche Verbreitung von Informationen. Themen können sich viral verbreiten, was dazu führt, dass sie schnell an Bedeutung gewinnen und in den Fokus der öffentlichen Aufmerksamkeit geraten.

6.5 Agenda-Setting-Modell

Partizipation und Nutzerbeteiligung: Nutzer auf sozialen Medien können aktiv Themen diskutieren, teilen und kommentieren. Dies führt zu einer breiteren Palette von Perspektiven und trägt dazu bei, dass bestimmte Themen prominenter werden.

Filterblasen und Echokammern: Gleichzeitig können soziale Medien dazu neigen, Filterblasen zu verstärken, indem sie Nutzer vorwiegend Informationen anzeigen, die ihren bestehenden Ansichten entsprechen. Dies kann dazu führen, dass bestimmte Themen innerhalb bestimmter Gruppen verstärkt werden, während sie in anderen vernachlässigt werden.

Agenda-Setting durch Influencer: Einflussreiche Personen und Influencer auf sozialen Medien können eine erhebliche Rolle dabei spielen, welche Themen in den Vordergrund gerückt werden. Ihre Reichweite ermöglicht es, bestimmte Anliegen oder Ereignisse einer breiten Öffentlichkeit bekannt zu machen. Prominentestes Beispiel ist der amerikanische Präsident Donald Trump, welcher Twitter als sein bevorzugtes Kommunikationsinstrument auswählte und dadurch Themen in den sozialen Medien gesetzt hat, welche dann auch von den klassischen Medien aufgegriffen wurden.

Interaktive Berichterstattung: Soziale Medien ermöglichen eine interaktivere Form der Berichterstattung. Bürgerjournalisten können Ereignisse in Echtzeit dokumentieren und ihre Erfahrungen teilen, was dazu beiträgt, bestimmte Themen auf die Agenda zu setzen.

Politische Mobilisierung: Soziale Medien haben eine wichtige Rolle bei der Organisation von Protesten, Petitionen und politischer Mobilisierung gespielt. Durch die Verbreitung von Kampagnen und Aufrufen können soziale Medien Themen auf die politische Agenda setzen. Es ist jedoch wichtig zu beachten, dass die Beziehung zwischen sozialen Medien, traditionellen Medien und der Politik komplex ist. Soziale Medien können von politischen Akteuren genutzt werden, um gezielt Einfluss auf die öffentliche Meinung zu nehmen, und gleichzeitig können politische

Entscheidungsträger versuchen, die sozialen Medien zu beeinflussen, um ihre Botschaften zu verbreiten. Daher ist die Wechselwirkung zwischen sozialen Medien, Politik und Agenda-Setting vielschichtig und dynamisch.

6.6 Framing

Beim Framing wird im Rahmen der Berichterstattung ein Thema in einen bestimmten Interpretationsrahmen eingebettet (Jäckel 2012, S. 70). „Frames sind strategisch gefärbte Blickwinkel auf politische Themen, die gewisse Informationen in den Vordergrund rücken und andere außen vorlassen. Jeder öffentliche Diskurs ist ein Wettbewerb diverser Akteure um den dominanten Frame, und zwar auf Ebene der Kommunikatoren, der Medieninhalte und der Bevölkerungsmeinung. Frames legen eine bestimmte Problemdefinition nahe, sie machen Ursachen für Probleme aus, bieten eine Bewertung des Problems und zeigen Lösungsmöglichkeiten auf (Matthes 2014, S. 18)".

Das Framing-Konzept wurde in der Kommunikationswissenschaften maßgeblich von Scheufele (2003) weiterentwickelt. In seinem Wirkungsmodell ist der sozialpsychologische Begriff „Schemata" von zentraler Bedeutung. Darunter sind Gedächtnisstrukturen zu verstehen, in denen Erfahrungen abgespeichert werden. Medienframes führen dazu, dass diese Schemata im Rahmen der Rezeption verändert werden. Durch die Framingeffekte passen die Rezipienten ihre bereits vorhandenen Schemata dem medialen Frame zunehmend an (Scheufele 2003). Einen Zusammenhang zwischen Framing-Effekt und Einstellungsänderung beschreibt Scheufele 2003 an einem fiktiven Beispiel, welches in der Abb. 6.9 visualisert dargestellt ist. In der Abbildung ist zu sehen, dass die Einstellung zum Thema Kernkraft vor dem Medien-Framing ambivalent ist, da positive (neue Arbeitsplätze) und negative (Entsorgungsprobleme) Aspekte gleich gewichtet sind. Medien können jedoch durch betontes Framing, die Einstellung der Rezipienten zu einem Thema positiv oder negativ beeinflussen, indem sie bestimmte Merkmale in den Vordergrund stellen. Dieser Effekt ist jedoch nur wirksam, wenn die

6.6 Framing

Framing-Effekt (fiktives Beispiel)

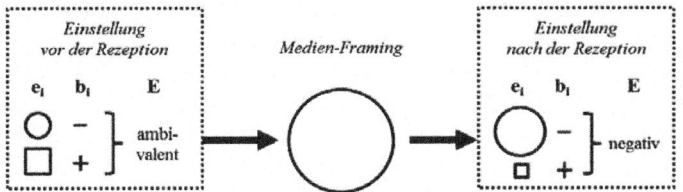

Hinweis: Die Größe des Symbols (Kreis/Quadrat) drückt den Erwartungswert bzw. das Gewicht der Eigenschaft aus. Je größer das Symbol, desto größer das Gewicht.

E = Einstellung, e_i = Erwartung/Gewicht der Eigenschaft i, b_i = Bewertung der Eigenschaft i

Abb. 6.9 Framing-Effekt-Modell nach Scheufele. (Quelle: Scheufele 2003, S. 67)

meisten Rezipienten „die durch Framing salienter gemachten Eigenschaften auch tatsächlich vergleichbar bewerten" (Scheufele 2003, S. 68).

Dieser Framing-Effekt findet auf allen Ebenen der politischen Kommunikation statt. Auf der Ebene der politischen Akteure, bei der medialen Berichterstattung und den Rezipienten selbt (Schulz 2008, S. 149). In der täglichen medialen politischen Berichterstattung gibt es zahlreiche Beispiele. Immer wenn unterschiedliche Interessen vorliegen, wird seitens der Akteure aus den verschiedenen Interessenslager versucht, die eigene Interpretation der Sachverhalte zu transportieren und das eigene Framing durchzusetzen. An dem Beispiel der Ukraine-Krise lässt sich der Framing-Ansatz sehr gut beschreiben. In der Ukraine-Krise gibt es zwei unterschiedliche Interpretationen auf das 2014 erfolgte Referendum. Durch eine demokratische Abstimmung wollte die Krim zukünftig zu Russland gehören. Die Russen framten das Referendum und die demokratische Entscheidung als einen humanitären Akt, da die Bevölkerung über ihr eigenes Schicksal entscheiden konnten, während die USA und weitere westliche Länder das russische Handeln im Rahmen des Referendums als einen territorialen Eingriff in die Integrität der Krim sahen und als Annexion bezeichneten, folglich als eine gewaltsame Anbindung eines anderen Landes (Geiß und Schemer 2016, S. 310).

Zusammengefasst heißt Framing, die Darstellung eines Ereignisses oder Themas aus einer bestimmten Perspektive, welche schließlich zu einer Einstellungsänderung seitens der Rezipienten führt (Bonfadelli 2004, S. 303). Durch die Auswahl bestimmter Wörter, Bilder oder Perspektiven kann ein bestimmtes Framing dazu führen, dass die Rezipienten eine bestimmte Einstellung oder Meinung zu dem präsentierten Inhalt entwickeln. Framing kann in verschiedenen Kontexten, wie Medienberichterstattung und politischer Kommunikation angewendet werden, um die öffentliche Meinung zu beeinflussen.

Das Framing-Konzept hat für die sozialen Medien eine entscheidende Bedeutung. Durch die gezielte Auswahl von Wörtern, Bildern oder Perspektiven können Social-Media-Beiträge so gestaltet werden, dass sie bestimmte Einstellungen oder Meinungen bei den Rezipienten hervorrufen. Dabei dienen Social-Media-Plattformen als bedeutende Kanäle für die Verbreitung von Informationen. Anlog zur Kommunikation in den klassischen Medien können hier bestimmte Aspekte eines Themas hervorgehoben oder in einem bestimmten Licht präsentiert werden. Gerade in Zeiten, welche von politischer Unsicherheit und sozialen Umbrüchen geprägt sind, kursieren in den Social-Media-Plattformen eine Vielzahl von Frames, vor allen Dingen dann, wenn Teile der Gesellschaft das Vertrauen in die Eliten und klassischen Medien verloren haben (Surzhko-Harned und Zahuranec 2017).

Framing auf Social-Media-Plattformen sind jedoch häufig personalisierte Inhalte und es entstehen dadurch ganz eigene, interaktive Framing-Dynamiken, welche auch „als diskursive Funktion öffentlicher Deliberation bezeichnet werden können: Durch die Formierung, Verbreitung und den Wettbewerb von Frames werden nicht nur neue Perspektiven vorangebracht, sondern auch die Bedingungen der Debatte festgelegt, indem ein diskursiver Rahmen geschaffen wird, innerhalb dessen das Thema zu verstehen ist" (Oswald 2022, S. 178). Hier können demnach neue Spielfelder für eine individualisierte Kommunikation entstehen, welche viel Potenzial für Aktivismus freisetzen, wie sich an vielen Bewegungen und Themen aufzeigen lässt, die erst durch das Framing in den sozialen Medien in die mediale

Öffentlichkeit gerückt sind, wie beispielsweise die #metoo- oder #blacklivesmatter-Bewegungen.

Diese Framing-Dynamiken können auch dazu führen, dass Menschen in ihren Ansichten weiter auseinanderdriften, da sie verstärkt mit Inhalten konfrontiert werden, die ihre bestehenden Überzeugungen unterstützen. Framing kann auch dazu beitragen, dass Menschen in sogenannten "Filterblasen" oder "Echo-Kammern" verbleiben, in denen sie hauptsächlich mit Inhalten konfrontiert werden, die ihre bestehenden Ansichten bestätigen. Dies verstärkt bestehende Überzeugungen und kann den Zugang zu vielfältigen Perspektiven einschränken. Social-Media-Algorithmen berücksichtigen oft die Interaktionen der Nutzer mit Inhalten. Framing kann dazu führen, dass bestimmte Beiträge mehr Likes, Kommentare oder Shares erhalten, was wiederum die Sichtbarkeit und Verbreitung dieser Inhalte erhöht. Auch Hashtags geben in der Kommunikation in den sozialen Medien oftmals einen Interpretationsrahmen vor.

6.7 Priming

Anders als beim Framing meint Priming, dass bestimmte Themen oder Aspekte in der Berichterstattung betont werden und dadurch an oberste Stelle gerückt werden (Jäckel 2012, S. 70). Die Priming-Hypothese geht wie die Agenda-Setting-Theorie davon aus, dass Massenmedien durch ihre Themensetzungen eine Wirkung entfalten. Beim Priming geht es jedoch vielmehr um die Art und Weise der medialen Berichterstattung. Die Medien können durch die Thematisierung bestimmte Issues die Meinungen der Rezipienten beeinflussen (Maier 2007, S. 397). „Die Medien beeinflussen mit ihrer Berichterstattung also die Kriterien, nach denen Parteien, Politiker, Institutionen, bestimmte Sachverhalte usw. beurteilt werden" (Maier 2007, S. 397). Die Ursache des Primingeffekts begründet die Kognitionspsychologie in der selektiven Verwendung von Informationen. Zur Informationsverarbeitung werden vor allem diejenigen Informationen herangezogen, die noch vor kurzem in den Medien thematisiert wurden. Eine verstärkte mediale

Berichterstattung zu einem bestimmten Thema führt demnach zu einer höheren Relevanz der Thematik beim Rezipienten (Maier 2007, S. 397). Wenn wir einen Artikel in einer Online-Zeitung über einen Terroranschlag in Israel lesen, aktivieren Schlüsselwörter wie „Terror" und „Israel" in der Überschrift unser Vorwissen, also unsere Vorstellungen bzw. Schemata von Terrorismus und Israel (bottom-up). Kognitiv wachgerufen werden dabei jene Schemata, die am besten zu den Schlüsselreizen im Stimulus passen" (Scheufele 2015, S. 12). Beim Rezipienten wird dann Vorwissen aktiviert (Terror-Schema) und der Artikel wird schemageleitet gelesen die Begriffe „Terror" und „Israel" fungieren als Primes, die bestimmte kognitive Einheiten aktivieren.

Übertragen auf die Kommunikation in den sozialen Medien, hat der Priming-Effekt eine ähnliche Bedeutung wie der Framing-Effekt. Durch die Aktivierung bestimmter Schemata in den sozialen Medien, kann dies einen erheblichen Einfluß auf die Wahrnehmung und Meinung der Nutzer haben. Wenn auf den Social-Media-Plattformen bestimmte Themen und Begriffe häufiger kommuniziert werden und die Aufmerksamkeit der Rezipienten bekommen, werden bestimmte Schemata aktiviert und können dazu führen, dass die Rezipienten die Inhalte schemageleitet wahrnehmen. Grundsätzlich können die dargestellten Modelle und Theorien dabei helfen, bewusster zu sein, wie die Auswahl und Darstellung von Inhalten, die öffentliche Meinung beeinflussen können.

Zusammenfassung
In dem letzten Kapitel haben wir verschiedene Wirkungsmodelle der Kommunikationsforschung behandelt, insbesondere der Medienwirkungsforschung. Die grundlegenden und ursprünglichen Modelle, wie das Stimulus-Response-Modell von Lasswell ging noch von einer direkten und vorhersehbaren Wirkung von Medieninhalten aus und passiven Rezipienten, welche dem Stimulus ausgesetzt sind. Im weiterführenden Stimulus-Organismus-Response-Modell steht der Rezipient im Mittelpunkt und spielt eine aktive Rolle und kann mit seinen individuellen

Einstellungen und Emotionen die Wirkung von Medieninhalten beeinflussen. Diese Modelle mit aktiven Rezipienten entsprechen eher der Rolle der heutigen Rezipienten und Prosumenten in den sozialen Medien, da sie durch ihre Reaktionen aktiv die Wirkung der Medienstimuli oder Posts beeinflussen. Zudem werden sie selbst zu Produzenten von Medieninhalten und Stimulus. Auch der Uses & Gratification-Ansatz oder Nutzenansatz von Blumler und Katz betont, dass die Menschen nicht nur passiv auf Medieninhalte reagieren, sondern gezielt nach Informationen suchen, die ihren Bedürfnissen entsprechen. Dieses Verhalten können wir ebenfalls in den sozialen Medien feststellen, somit kann auch dieses Modell das Verhalten der Nutzer beschreiben.

Das Zwei-Stufen-Fluss-Modelle von Lazarsfeld stellte die Bedeutung der Meinungsführer und sogenannte Opinion Leader in der Medienkommunikation heraus. Dieses Modell ist nach wie vor von hoher Aktualität und gerade in den sozialen Medien lässt sich der Einfluss durch die Meinungsführer bzw. sogenannte Influencer sehr gut beobachten und durch Studien belegen.

Durch die verschiedenen Modelle der Medienwirkungsforschung wird deutlich, dass die Modelle sich im Laufe der Zeit immer weiterentwickelt haben und heutige Modelle von einem aktiven Rezipienten ausgehen und individuelle Unterschiede und auch der soziale Kontext einen Einfluss auf die Wirkung von Medieninhalten haben.

Literatur

Blumler, J. G./ Katz, E. (Eds.) (1974) The uses of mass communications: Current perspectives on gratifications research (pp. 19–32). Beverly Hills: Sage.

Bonfadelli, H./Friemel, T. N. (2011). Medienwirkungsforschung. 4. Auflage. Konstanz. UVK Verlag.

Bonfadelli, H. (2004). Medienwirkungsforschung. Grundlagen und theoretische Perspektiven. Konstanz. UVK Verlag.
Burkart, R. (2002): Kommunikationswissenschaft. Wien. Böhlau Verlag.
Elasmar, M. G. (2018). Media Effects. In: Napoli, P. M. (Hrsg.). Media Communication. De Gruyter Verlag. Berlin.
Eichhorn, W. (2005). Agenda-Setting-Prozesse. Eine theoretische Analyse individueller und gesellschaftlicher Themenstrukturierungen. Rheinhard Fischer Verlag München.
Esser, F./Brosius, H.-B. (2000). Auf der Suche nach dem Stimulus-Response-Modell. Ein kritischer Beitrag zur Geschichtsschreibung der Medienwirkungsforschung. In: Schorr, Angela: (Hrsg.): Publikums. Und Wirkungsforschung: ein Reader. Westdeutscher Verlag.
Fahr, A. (2012). Stimulus-Response-Modell. In: Bentele, G./Brosius, H.-B./ Jarren, O. (Hrsg.): Lexikon Kommunikations- und Medienwissenschaften. VS Verlag für Sozialwissenschaften.
Früh, W. (1991). Medienwirkungen: Das dynamisch-transaktionale Modell. Theorie und empirische Forschung. Opladen: Westdeutscher Verlag.
Geiß, S./ Schemer, C. (2016). Frames-Framing-Framing-Effekte: Theoretische und methodische Grundlegung des Framing-Ansatzes sowie empirische Befunde zur Nachrichtenproduktion von Bertam Scheufele (2003). In: Potthoff, M. (Hrsg.) Schlüsselwerke der Medienwirkungsforschung. Springer VS Verlag. Wiesbaden.
Gnambs, T., & Batinic, B. (2012). A personality-competence model of opinion leadership. Psychology & Marketing, 29 (8), 606–621.
Hasebrink, U. (2003). Nutzungsforschung. In: Bentele, G. & Brosius, H.-B. & Jarren, O. (Hrsg.): Öffentliche Kommunikation. Westdeutscher Verlag. (S. 101–127).
Harder, R. A./Sevenans, J./van Aelst, P. (2017): Intermedia Agenda Setting in the Social Media Age. How Traditional Players Dominate the New Agenda in Election Times, The International Journal of Press/Politics, 22. Jg., Nr. 3, S. 275–293.
Jäckel, M. (2012). Medienwirkungen kompakt. Einführung in ein dynamisches Forschungsfeld. Wiesbaden.
Kepplinger, H. M. (2016). Die Schweigespirale. Öffentliche Meinung – unsere soziale Haut von Elisabeth Noelle-Neumann (1980) In: Potthoff, M. (Hrsg.) Schlüsselwerke der Medienwirkungsforschung. Springer VS Verlag. Wiesbaden.
Katz, E. (1957). The two-step flow of communication: an up-to-date report on an hypothesis. Public Opinon. 21:61–78.
Katz, E. (1959). Mass communication research and the study of culture. Studies in Public Communication, 2, 1–6.
Katz, E./Blumler, J. G./Gurevitch, M. (1974). Utilization of mass communication by the individual. In Blumler, J. G./Katz, E. (Eds.), The uses of mass communications: Current perspectives on gratifications research (pp. 19–32). Beverly Hills: Sage.

Laswell, H. D. (1927). Propaganda technique in the world war. London: K. Paul, Trench, Trubner & Co.

Lazarsfeld, P. F./Berelson, B./Gaudet, H. (1969). Wahlen und Wähler. Soziologie des Wahlverhaltens. Reihe: Soziologische Texte. Band 49. Luchterhand, Neuwied und Berlin.

Lazarsfeld, P. F./Berelson, B./Gaudet, H. (1944). The People's Choice. How the Voter Makes Up his Mind in a Presidential Campaign. Duell, Sloan and Pearce, New York (weitere Auflagen: Columbia University Press, New York 1948 und 1968).

Lee, C. S./Ma, L. (2012). News sharing in social media: The effect of gratifications and prior experience. Computers in Human Behavior 28(2): 331–339. https://doi.org/10.1016/j.chb.2011.10.002.

Luhmann, Niklas (1978). Organisation und Entscheidung. Opladen.

Maier, J. (2007). Politische Kommunikation: In: Six, U./Gleich, U./Gimmler, R.: Kommunikationspsychologie und Medienpsychologie. 1. Auflage. Beltz Verlag. Weinheim 2007.

Matthes, J. (2014). Zum Gehalt der Framing-Forschung: Eine kritische Bestandsaufnahme. In Marcinkowski, F. (Hrsg.): Framing als politischer Prozess. Beiträge zum Deutungskampf in der politischen Kommunikation, Baden-Baden.

Maurer, M.: (2022). Theorieansätze und Hypothesen in der Medienpädagogik: Agenda-Setting. In Sander, U., Gross, F. v., Hugger, K.-U. (Hrsg.). Handbuch Medienpädagogik. (2. Auflage). Springer VS Verlag.

McCombs, M. (1977). Agenda setting function to mass media, Public relations Review, S. 89–95.

McCombs, M. & Shaw, D. L. (1972). The Agenda Setting Role of Mass Communication: In: Salwen, M. B./Stacks, D. W. (Hrsg.): An Integrated Approch to Communication Theory ans Research, S. 93–110.

Merten, K. (1995). Neue Grundkonzepte der Kommunikation. Vortragsmanuskript, Konferenz "KomM", Düsseldorf.

Noelle-Neumann, E. (1973). Kumulation, Konsonanz und Öffentlichkeitseffekt. Ein neuer Ansatz zur Analyse der Wirkung der Massenmedien. Publizistik, 18 (1), 26–55.

Noelle-Neumann, E. (1974) Die Schweigespirale. Über die Entstehung der öffentlichen Meinung. In E. Forsthoff & R. Hörstel (Hrsg.), Standorte im Zeitstrom. Festschrift für Arnold Gehlen zum 70. Geburtstag am 29. Januar 1974 (S. 299–330.) Frankfurt am Main.

Noelle-Neumann, E. (1985). The Spiral of Silence. A Response. In K.R. Sanders, L. L. Kaid & D. Nimmo (Hrsg.), Political Communication Yearbook 1984 (S. 66–94). Carbondale: Southern Illinois University Press.

Noelle-Neumann, E. (1996). Öffentliche Meinung – Die Entdeckung der Schweigespirale: 4. Auflage. Ullstein. Berlin.

Noelle-Neumann, E. (2001). Die Schweigespirale. Öffentliche Meinung – Unsere soziale Haut. München: Langen Müller.

Oswald, M. (2022). Strategisches Framing. Eine Einführung. Springer VS Verlag (2. Auflage).

Palmgreen, P./Rayburn, J. D. (1985). An Expectancy-Value Approch to Media Gratifications. In: Rosengren, K. E./Wenner, L.A./Palmgreen, P. (Hrsg.): Media Gratification Research. Beverly Hills, S. 61–72.

Puschmann, C./Peters, I. (2017). Informationsverbreitung in den sozialen Medien. In: Schmidt, Jan-Hinrik/Taddicken, Monika (Hrsg.). Handbuch Soziale Medien. Spinger VS Verlag.

Rhomberg, M. (2008). Politische Kommunikation. Einführung für Politikwissenschaftler. UTB Verlag.

Rusch, G. (2002). Einführung in die Medienwissenschaft. Westdeutscher Verlag.

Scheufele, B. (2003). Frames-Framing-Framing-Effekte: Theoretische und methodische Grundlegung des Framing-Ansatzes sowie empirische Befunde zur Nachrichtenproduktion. Wiesbaden: Westdeutscher Verlag.

Scheufele, D. A. (2008). Das Erklärungsdilemma der Medienwirkungsforschung. Eine Logik zur theoretischen und methodischen Modellierung von Medienwirkungen auf die Meso- und Makro-Ebene. Publizistik, 53 (3), 339–361.

Scheufele, B. (2015). Priming. Nomos Verlags Gesellschaft.

Schönbach, Klaus & Früh, Werner (1984). Der dynamisch-transaktionale Ansatz II. Konsequenzen. In: Rundfunk und Fernsehen, 32(3), S. 314–329.

Schulz, W. (2008). Politische Kommunikation. Theoretische Ansätze und Ergebnisse empirischer Forschung, 2. Aufl., Wiesbaden.

Six, U./ Gleich, U./ Gimmler, R. (2007). Kommunikationspsychologie und Medienpsychologie. 1. Auflage. Beltz Verlag. Weinheim.

Surzhko-Harned, L., & Zahuranec, B. J. (2017). The role of social media in framing the refugee crisis: A comparative analysis of American and German newspapers. Journal of International Migration and Integration, 18(3), 773–791.

Weimann, G., Brosius, H.-B. (2016). A New Agenda for Agenda-Setting Research. In: Vowe, G., Henn, P. (Hrsg.) Political Communication in the Online World. Routledge, New York.

SPRINGER NATURE

GPSR Compliance

The European Union's (EU) General Product Safety Regulation (GPSR) is a set of rules that requires consumer products to be safe and our obligations to ensure this.

If you have any concerns about our products, you can contact us on ProductSafety@springernature.com

In case Publisher is established outside the EU, the EU authorized representative is:

Springer Nature Customer Service Center GmbH
Europaplatz 3
69115 Heidelberg, Germany